Thomas Mann

Doktor Faustus

Interpretation von
Karlheinz Hasselbach
unter Mitarbeit von
Ingrid Tiesler-Hasselbach

Oldenbourg

Die Seitenangaben in Klammern beziehen sich auf das Fischer Taschenbuch 1230: Thomas Mann: Doktor Faustus. Das Leben des deutschen Tonsetzers Adrian Leverkühn, erzählt von einem Freunde, Frankfurt 1973. Diese Ausgabe ist vergriffen. Seit 1990 liegt eine neue Ausgabe im Fischer Verlag vor (Fischer Taschenbuch 9428), deren Seitenzählung allerdings nicht identisch mit der vorherigen Ausgabe ist.
Die im Literaturverzeichnis genannten Werke sind in den Anmerkungen nur mit dem Namen des Verfassers zitiert. Bei Werken des gleichen Verfassers dient das Erscheinungsjahr zur Unterscheidung.
Abkürzungen:
EDF = Thomas Mann: Die Entstehung des Doktor Faustus. Roman eines Romans. Die beigefügten Seitenangaben beziehen sich auf Band XI der Gesammelten Werke.
GW = Thomas Mann: Gesammelte Werke in dreizehn Bänden. Frankfurt 1974. Die römische Ziffer bezeichnet den Band, die arabische die Seite.
Der Tulane-Universität, New Orleans, danke ich für die Forschungsbeihilfe zu dieser Arbeit.

CIP-Titelaufnahme der Deutschen Bibliothek

Hasselbach, Karlheinz:
Thomas Mann, Doktor Faustus: Interpretation/von Karlheinz Hasselbach. 2., überarb. u. erg. Aufl. – München: Oldenbourg, 1988
(Oldenbourg Interpretationen; Bd. 24)
ISBN 3-486-88625-8

2., überarbeitete und ergänzte Auflage 1988
Unveränderter Nachdruck 00 99 98 97 96
Die letzte Ziffer bezeichnet lediglich das Jahr des Drucks.

Lektorat: Ruth Bornefeld
Herstellung: Fredi Grosser
Umschlaggestaltung: Klaus Hentschke
Gesamtherstellung: Druckerei Wagner GmbH, Nördlingen

ISBN: 3-486-**88625**-8

Inhalt

Für Bernhard Martin

1
Entstehung und Rezeption

„Dies eine Mal wußte ich, was ich wollte und was ich mir aufgab: nichts Geringeres als den Roman meiner Epoche, verkleidet in die Geschichte eines hoch-prekären und sündigen Künstlerlebens“ (EDF, 169), so lautet der wohl bekannteste Verständnishinweis, den Thomas Mann zum *Doktor Faustus* gegeben hat. Die Epoche, die er darin „seine“ Epoche nennt, umfaßt je nach dem übergreifenden Charakteristikum einen anderen Zeitraum. Sie ist einmal die Zeit der Romanhandlung von 1885–1945 (miterlebte Zeit), dann das bürgerliche 19. Jahrhundert, das nach der Französischen Revolution beginnt und mit dem Ersten Weltkrieg endet (bürgerliche Humanität, Heimat der geistigen Lebensform), und schließlich die Epoche des bürgerlichen Humanismus, das halbe Jahrtausend der geschichtlichen „Neuzeit“ (Emanzipation des Geistes und des Individuums, die weitere geistige Heimat).[1] Die Entstehung des Gefühls, daß eine Epoche sich ihrem Ende zuneige, daß „eine Mutation des Lebens“ (353) sich zu vollziehen im Begriff sei, datiert Th. Mann auf den Ausbruch des Ersten Weltkriegs. Der *Faustus* entsteht aus der Erfahrung, daß dieses Gefühl sich bestätigt hat. Den Plan dazu erwähnt Th. Mann zum ersten Mal im Februar 1942: „Meine Gedanken gehen ... zu einer Künstler-Novelle, die vielleicht mein gewagtestes und unheimlichstes Werk werden wird“[2]. Am 15. März 1943 beginnt er in Pacific Palisades in Kalifornien mit den Vorbereitungen zur Arbeit. Bei der Durchsicht alter Papiere nach Material für *Dr. Faust* stößt er auf den Drei-Zeilen-Plan von 1901: „Figur des syphilitischen Künstlers; als Dr. Faust und dem Teufel Verschriebener. Das Gift wirkt als Rausch, Stimulans, Inspiration; er darf in entzückter Begeisterung geniale, wunderbare Werke schaffen, der Teufel führt ihm die Hand. Schließlich aber holt ihn der Teufel: Paralyse“[3].

Der Niederschrift gehen zwei Monate Quellenstudium voraus. Th. Mann liest das Spiessche Volksbuch vom Doktor Faust, Bücher über Nietzsche, Mittelalterliches wie den *Hexenhammer* und die *Gesta Romanorum*, Briefe von Luther und Hugo Wolf, *Ulrich von Hutten* von David Strauß und Paul Bekkers *Musikgeschichte als Geschichte der musikalischen Formwandlungen.* Auch während der Arbeit setzt er das Quellenstudium fort und liest Faustbearbeitungen, Musikerbiographien und Werke von und über Nietzsche. Aus dem Umgang mit Bruno Walter, Arnold Schönberg, Hanns Eisler und Theodor W. Adorno schöpft er musikalische Anregungen. Bei Paul Tillich erkundigt er sich über den Gang eines deutschen Theologie-Studiums. Adorno, der „Wirkliche Geheime Rat" (EDF, 293), dessen *Philosophie der neuen Musik* ihm dazu verhilft, sich endgültig über Leverkühns musikalische Position klarzuwerden, unterstützt ihn bei der Umarbeitung der Kretzschmar-Kapitel, der „Komposition" der Oratorien und der Darstellung der Reihentechnik mit fachmännischem Rat. In allen Stadien der Entstehung dient eine ausgedehnte Lektüre von dichterischen Werken der künstlerischen Anregung, denn mit „großer Epik Fühlung zu halten, gleichsam die Kräfte in ihr zu baden, ist geboten, wenn man selbst erzählerisch Ernstes erstrebt". Er liest z. B. Stevensons *Dr. Jekyll und Mr. Hyde*, Hoffmanns *Kater Murr*, Stifters *Bergkristall*, die Werke von Jeremias Gotthelf, dessen *Schwarze Spinne* er bewundert, „wie kaum ein zweites Stück Weltliteratur" (EDF, 186), und Dostojewskis *Brüder Karamasow*.[4]

Bis Mitte Mai 1943 hat sich ein Konvolut von an die 200 Halb-Quartblätter umfassenden Notizen angesammelt, das „die Komplexität des Vorhabens" bezeugt, „ein buntes Zubehör aus vielen Gebieten, dem sprachlichen, geographischen, politisch-gesellschaftlichen, theologischen, medizinischen, biologischen, historischen, musikalischen" (EDF, 162). Wie sein Erzähler Zeitblom beginnt auch Th. Mann am 23. Mai 1943 mit der Niederschrift. Während der Abfassung des Romans hält er einen strikten Tagesplan ein: Vormittags schreibt er, danach macht er einen Spaziergang, am Nachmittag liest er Quellenmaterial und plant den nächsten Arbeitstag; der Abend ist Gesprächen und Lesungen aus dem Werk im Familien- und Freundeskreis und der Geselligkeit gewidmet. Persönliche Sorgen und Ärgernisse und nicht zuletzt körperliches Unwohlsein (Ende April 1946 wird er an einem Lungenabszeß operiert) unterbrechen den strengen Rhythmus. Immer wieder auch schieben sich Forderungen zwischen die Arbeit am *Faustus*, denen Th. Mann sich nicht entziehen zu dürfen glaubt. Von Oktober 1940 bis zum Kriegsende hält er monatlich – mit einer Unterbrechung von Mai 1944 bis Januar 1945 – seine Rundfunkansprachen *Deutsche Hörer* über BBC London. Nach Fertigstelllung des Teufelsgesprächs (Kap. XXV) schreibt er

Deutschland und die Deutschen, das mit der Gleichung Faust = Deutschtum = Musik und wörtlichen Übernahmen wie derjenigen aus der Beschreibung Kaisersascherns mit dem Roman verfugt ist und als Kommentar zu dessen Geschichts- und Deutschlandbild gelten kann. Nach Kriegsende wird die Frage der Rückkehr nach Deutschland bedrängend. Am 8. August 1945 fordert Walter von Molo Th. Mann in einem offenen Brief dazu auf. Th. Mann lehnt ab und löst damit die nachhitlerische Kritik an seiner politischen Haltung aus,[5] die dann beim Erscheinen des *Faustus* neu aufflammt. Mit dem Motiv des seelischen Dabeigewesenseins enthält der Roman die Antwort des Autors. Am 29. Januar 1947 ist die Arbeit abgeschlossen.

Im Oktober 1947 erscheint *Doktor Faustus* im Rahmen der Stockholmer Gesamtausgabe bei Bermann-Fischer (1.–14. Tsd.), die zweite Auflage 1948 (15.–19. Tsd.), die dritte 1948 in Wien (20.–24. Tsd.), danach, um einige musiktheoretische Stellen gekürzt, als Band VI in den „Gesammelten Werken", Frankfurt, S. Fischer-Verlag, 1955, 1960 und 1974.

Das unmittelbare Echo auf das Erscheinen des *Faustus* reicht vom Welt- bis zum Provinzblatt. Was aus Vorbesprechungen bekanntgeworden war, hatte darauf neugierig gemacht, wie der Sprecher des „anderen Deutschland"[6] sein als grunddeutsch empfundenes Thema politisiert habe. Die Aufnahme war günstiger, als Th. Mann erwartet hatte. „Ich habe nie in solchen Akzenten über ein Werk von mir reden hören", schreibt er dazu an Karl Kerényi[7]. Auf die erste Besprechung in der Züricher „Tat" vom 18.10.1947 folgen innerhalb eines Jahres an die 100 Artikel mit Titeln wie „Thomas Manns Heimkehr", „Der unerlöste Faust" oder „A Parable of Hitler's Germany", die bekunden, daß sich das allgemeine Interesse auf den Bekenntnischarakter des Romans und das Deutschland-Thema konzentriert hatte.

Umstritten wie sein Autor bleibt der Roman auch in der frühen Phase seiner Kritik. Erich von Kahler interpretiert ihn im Sinne von Manns eigener Deutung als „Buch des Endes" (EDF, 162), desjenigen Deutschlands und der Kunst. Walter Boehlich wiederholt den Vorwurf der „Inneren Emigration": „Es war eine Epoche der Weltgeschichte, und Thomas Mann kann sagen, er sei nicht dabeigewesen"[8]. Hans Egon Holthusen stößt sich an der Standortlosigkeit des Autors und dem bloßen Spiel mit der religiösen Problematik des Themas und kritisiert, daß die „kulturkritische These" des Romans „von sehr perspektivischem Charakter " sei und das „Helle und Humane" in der deutschen Geistesgeschichte nicht zur Geltung kommen lasse.[9] Werner Milch schließlich bestreitet, daß der Roman ein Faustroman sei; das Dostojewskis *Karamasows* nachgebildete Teufelsgespräch deute den Pakt um und bringe das Kernstück der Fausttradition um seinen Sinn; der *Faustus* sei ein Schlüsselroman voller Indiskretionen und Verzerrungen.[10]

Ein Schlüsselroman im üblichen Sinn ist *Doktor Faustus* sicherlich nicht, aber er ist anfällig für derartige Mißdeutungen. Dies ist zu einem Gutteil zurückzuführen auf die den Autor „selbst fortwährend befremdende, ja bedenklich anmutende Montage-Technik", die „geradezu zur Konzeption, zur ‚Idee' des Buches" (EDF, 165) gehört; sie schafft „Wirklichkeit, die sich in Fiktion verwandelt, Fiktion, die das Wirkliche absorbiert" (EDF, 166). Auch verleiten die Zitate aus dem essayistischen Werk und die Diktion des fiktiven Erzählers dazu, die gedanklichen Partien als Direktaussage des Autors zu werten. Zwar ist Zeitblom ein (wenn auch eingeschränktes und parodiertes) anderes Ich Th. Manns und manchmal auch sein Sprachrohr. Meistens jedoch spricht er in einer Rolle, und dann ist die Perspektive der Aussage wichtiger als deren faktischer Inhalt: „Ein Gedanke als solcher wird nie viel Eigen- und Besitzwert haben in den Augen des Künstlers. Worauf es ihm ankommt, ist seine Funktionsfähigkeit im geistigen Getriebe des Werkes." (EDF, 175) Alle Teile des *Faustus* laufen in einer Grundidee zusammen, die Form und Inhalt gleichermaßen konstituiert, und nur im Hinblick auf diese hat das einzelne Bedeutung und steht alles in beziehungsreichem Zusammenhang miteinander. Daraus erklärt sich, warum der Roman eine Leseintensität und Konzentration auf das Ganze fordert, die der Leser nicht ohne weiteres aufbringt, die aber über Lesegenuß, über gelangweiltes Weiterblättern oder erregtes Verschlingen jedes Wortes entscheidet. Der hervorstechende Zug des *Faustus* ist eine raffinierte Einfachheit. Die verschiedensten Erzählbereiche sind nach denselben Strukturen und mit denselben Motivkomplexen aufgebaut und dadurch miteinander in Beziehung gebracht. Hans Wysling nennt diese Erzählweise ein vieltöniges Erzählen, in dem sich das „Fest der Beziehungen", von dem Th. Mann in einem

Brief an Max Rychner vom 14. 11. 1952 spricht, verwirkliche: „Traumschwere Versponnenheit und eine assoziativ kombinierende Intelligenz schaffen zwischen den Dingen Bezüge und weben mit riesenhaftem Gedächtnis einen Teppich, ein Kunstwerk, das den Ehrgeiz hat, so magisch-vielschichtig zu sein wie das Leben selbst“[11].

Im Jubiläumsjahr 1975 gab es eine lebhafte Diskussion über die Frage, ob Th. Mann „Zukunftswirkung“ habe. Mit provokativen Geburtstagsbeiträgen trugen *Der Spiegel* und *Die Zeit* dazu bei. Dem Spiegel-Aufsatz von Hanjo Kesting, *Thomas Mann oder der Selbsterwählte: Zehn polemische Thesen über einen Klassiker*[12], antwortete in der übernächsten Nummer eine Flut von Leserzuschriften, deren Verfasser ungewöhnlich einmütig und beherzt auf seiten der zwar offiziell gefeierten, von tonangebenden Kritikern jedoch mit ostentativer Gleichgültigkeit oder ätzender Kritik behandelten Größe standen. Auf Martin Walsers Artikel *Ironie als höchstes Lebensmittel – oder Lebensmittel der Höchsten*[13] erwiderte Peter Wapnewski mit *Das Pathos der Mitte. Thomas Mann oder: Literatur als Leistung.*[14] Liest man die Beiträge, die Th. Mann als dem Repräsentanten der Bürgerlichkeit den Garaus machen sollten, aus dem Abstand von heute, so sieht man, wie sie in der Einmütigkeit der Ansichten und der Monotonie der Anklagen der Kritik der Nachkriegszeit ähneln. Kestings Behauptungen, daß Th. Manns Werk „wenig kontrovers“ sei und seine „Gestalt rapide zu schrumpfen beginne“, klangen angesichts der regen editorischen und kritischen Publikationstätigkeit zum Werk Th. Manns schon damals wenig überzeugend und können heute, da diese unvermindert stark anhält, kaum ernst genommen werden.[15] Th. Mann hätte sich über die meisten gegen sein Werk vorgebrachten Argumente bestimmt geärgert, besonders über Schmähungen seines *Faustus,* bekennt er doch von sich über dieses sein „liebstes Buch“: „Wer es nicht mag, den mag ich sogleich nicht mehr“ (an Pretorius, GW XI, 686). Aber die polemische Auseinandersetzung ist ganz im Sinne dieses Werks, gehört sie doch mit dem Austausch kritischer Ansichten zum Zweck der Wahrheitsfindung zu den Denkprozessen des gelehrten Humanismus, die, so sagt es der *Faustus*, ständiger Übung bedürfen, damit das Bewußtsein nicht starr und einfach wird und in das Gegenteil eines humanen Bewußtseins umschlägt.

Ob Th. Manns Werk in das ihm immer wieder einmal verheißene museale Abseits gelangt, hängt nicht zuletzt von der Hilfestellung ab, die der professionelle Leser dem Freizeitleser gibt. Fest steht, daß Lesehilfe zum Werk Manns immer nötiger wird, je mehr das darin eingegangene Bildungsgut zum Fachwissen wird. Das trifft am meisten auf das Spätwerk zu, das um die Problematik der Bewußseinsbildung durch mythische und literarische Traditionen kreist und deshalb potenziert bildungsbefrachtet ist. Wie wenig man sich allerdings der Entwicklung des Leserinteresses gewiß sein kann, das zeigt sich gerade bei der Rezeption Th. Manns. Dem zum Trotz, daß die soziologisch eingestellte Kritik den ironischen und intellektualistischen Autor und seine esoterischen Themen als unzeitgemäß abtat und allenfalls seinen ‚realistischen' *Buddenbrooks* Relevanz zugestand, hat der philosophische *Zauberberg* jenem einstigen Hausbuch beim Leser den Rang abgelaufen.

Während die deutsche Kritik immer wieder die Ichbezogenheit Th. Manns und seines Werks hervorhebt, stößt man sich im Ausland gerade an dessen kommentarhaft-unpersönlichem Charakter. Robert Craft, Kritiker an der New York Review of Books, faßte das in der Frage „is there an ‚inner' Mann?"[16] zusammen. Dieser Unterschied mag damit zusammenhängen, daß den Amerikaner die Selbstvergewisserung nach literarischen Mustern allenfalls als akademisches Problem interessiert. Dies würde die mit Leverkühns Faustimitation veranschaulichte These bestätigen, daß es eine eminent deutsche Sache sei, literarische Fiktion als innere Wahrheit zu erfahren und sich der Welt, wenn sie den Erwartungen des einsamen Ich zuwiderläuft, durch ein vorgeformtes Bild von ihr zu bemächtigen, was zugleich heißt, für kühne Ideenkonstrukte und falsche Propheten anfällig zu sein. Th. Mann hat diese seine These aus der Beobachtung seiner selbst abgeleitet.[17] Was er in Deutschland als selbstverständlich mit allen teilte, das „Deutsch-Altstädtische" z. B. und die Literaturbezogenheit des persönlichen Selbstverständnisses, das hob sich auf amerikanischem Hintergrund als eine Merkwürdigkeit ab. Auf der Suche nach den Ursachen für das „Ende", deren Ergebnis der *Faustus* ist, durchforschte er seine eigene Geistigkeit und Wesensprägung. In diesem Sinne wurde der Roman „ein Lebensbuch" und „eine besondere Art von übertragener Autobiographie".[18]

Doktor Faustus ist eine zur Dokumentation objektivierte Konfession, „ein radikales Bekenntnis" (EDF 247). Dies ist nicht mißzuverstehen als ein Unternehmen der Selbstrechtfertigung[19] oder als ein Schuldbekenntnis irgendwelcher Art; denn das Individuelle ist in dem Bekenntnis nur eingeschlossen, sofern es repräsentativ ist. Biographische Details haben erzähltechnische Funktion und gehen in den Figurenmontagen des Romans auf. Indem der *Faustus* von dem aus dem Individuellen gefilterten Repräsentativen handelt, ist er auch eine Bestandsaufnahme der geistigen Verfassung, durch die der Nationalsozialismus Herr über die Geister werden konnte. In den Figuren des Romans besitzen wir allegorische Verkörperungen jener Geistigkeit. Die Mitteilung ist in hohem Maß ‚Zitat', und der Romaninhalt ist im Verhältnis zu den realen Vorbildern ins Katastrophale eingeschwärzt, weil er zeigen soll, wie den „Deutschen ... all ihr Gutes zum Bösen ausschlägt" (GW XI, 1141).

Seit dem Erscheinen des *Doktor Faustus* im Jahre 1947 haben sich die Voraussetzungen für seine Rezeption entscheidend geändert. Der Zusammenbruch Deutschlands ist Geschichte geworden. Auch die apokalyptische Klage, der einzige Ausdruck, dessen der hilflos dem Untergang seiner Welt zuschauende Zeitgenosse fähig war, ist historisch. Das Bild des Deutschen und der deutschen Geschichte im Faustus machte einst viel böses Blut, weil man dem Emigranten das Recht absprach, mitreden zu können. Heute ist es wegen seiner historischen Perspektive eher interessant, denn für die im Roman gegenwärtige Geistes- und Gedankenwelt gibt es kaum noch lebende Zeugen. Der Deutschlandroman im *Faustus* ist aber, obwohl selbst die um ihn ausgetragenen Fehden heute Geschichte sind, immer noch von Interesse, wenn dies auch bei der Akzentverschiebung vom Nationalcharakter der Deutschen und der Schuldfrage auf die „Zeitgeschichte", wie sie sich in der Forschung vollzogen hat, nicht gleich ins Auge springt. Sie war einer ihrer Schwerpunkte während der letzten zehn Jahre, ein anderer die Analyse der Situation der Kunst, enthält doch der *Faustus* die systematischste Auseinandersetzung Th. Manns mit der Kunstproblematik im Jahrhundert nach der Kunstperiode. Das Phänomen der kulturellen Präformation des Bewußtseins, das mit Leverkühns Faustimitation angesprochen ist, steht zwar nicht mehr im Brennpunkt des Interesses wie zur Zeit der Bildungsdiskussion, beschäftigt aber die Forschung noch immer. Als die soziologische Betrachtungsweise die geistesgeschichtliche beiseitedrängte, kam der Gesellschaftsroman im *Faustus* voll zu seinem Recht.[20] Hinwiederum scheint die jüngste Faustus-Forschung im Narzißmus ihr Thema gefunden zu haben.

Gemessen an der Erregung, die der *Faustus* bei seinem Erscheinen in Deutschland verursachte, und deren erneutem Aufflackern im Jubiläumsjahr 1975 stiftet er, so wie sein Autor, heute eher eine Art von ‚interesselosem Wohlgefallen' beim Leser, ist aber ein Lieblingskind der Forscher geblieben. Der *Faustus* hat, darüber sollte der Wirbel um ihn in den Nachkriegsjahren nicht hinwegtäuschen, immer weniger Leser als Th. Manns andere Romane angezogen, ist aber auch dem Wandel der Publikumsgunst weniger als die anderen ausgesetzt gewesen. •

2
Kunst und Musik

2.1
Die Krise der Kunst

Die Mitte des Romans bildet das Teufelsgespräch mit seiner Bestandsaufnahme der Situation von Künstler und Kunst, die recht absichtsvoll" (258) darlegt, daß die bürgerliche Kunst den „Tatsachen der Weltstunde" (259) nicht mehr genüge. Der Befund lautet: „Werk, Zeit und Schein, sie sind eins, zusammen verfallen sie der Kritik." (241)

Die Neuzeit hat die Originalität zum Kriterium künstlerischer Echtbürtigkeit erhoben. Damit steht die Kunst unter dem Zwang, die Kunstmittel ständig zu erneuern und alles Nicht-Originale, voran Phrase und Ornament, zu tilgen. Die Forderung nach Dichte, die sich daraus ergibt, daß alles Überflüssige verpönt ist, verkürzt die Zeit, die das Medium des musikalischen Werkes ist. Sie läßt schon jetzt nur noch den „kurzen, konsistenten musikalischen Augenblick" (181) zu, der in letzter Konsequenz in nichts zusammenschrumpfen müßte.

Die Kritik setzt an am „Scheincharakter des bürgerlichen Kunstwerks", an seinem „scheinhaften Spiel" mit der Wahrheit. Sie gilt dem Anspruch, das harmonisch-geschlossene Gebilde, als welches das Werk definiert ist, spiegele die Ordnung des Seins und sei somit ein Vermittler von Wahrheit. Die Verkörperung dieses Anspruchs ist die Kunst der „harmonischen Subjektivität" (55). Sie beruht auf dem Gedanken von der Harmonie als Weltprinzip, der nicht mehr haltbar ist: „Die Subsumtion des Ausdrucks unters versöhnlich Allgemeine ist das innerste Prinzip des musikalischen Scheins. Es ist aus damit. Der Anspruch, das Allgemeine als im Besonderen harmonisch enthalten zu denken, dementiert sich selbst." Die „Einheit" des Werks, die „als bruchlos geleistete vorzutäuschen" die Kunst „seit vierhundert Jahren ... ihr Genügen ... gefunden" hat, und „die Freiheit des Spiels" (242) bedingen sich gegenseitig.[21] Am Ende der bürgerlichen Epoche zerfällt der Glaube an die Harmonie als Weltprinzip. Aus purer Zweckmäßigkeit wird jedoch die Illusion des Harmonischen aufrechterhalten. Da aber der „schöne Schein" als Vorspiegelung bewußt ist, verliert er die Kraft, Rechtfertigung der Kunst zu sein. Unter solchen Umständen wird das Komponieren zu einem mit äußerster Raffinesse betriebenen Handwerk. Das Hauptproblem des Schaffens ist die Technik, denn mit ihrer Hilfe muß der künstlerische Einfall, der sich bei näherem Hinsehen meist als nicht neu offenbart, verändert werden. Wenn schließlich der Künstler den verbrauchten Mitteln nicht mehr den Anschliff der Neuartigkeit geben kann, erschöpft sich das Spiel der Kunst in der „Auflösung technischer Vexierbilder" (240) und wird zur Kritik seiner eigenen Hervorbringungen, d.h., es endet in der Parodie, dem Spiel „mit Formen ..., aus denen das Leben geschwunden ist" (242). Die Parodie aber „mit ihrem aristokratischen Nihilismus" (260) ist nicht nur trübselig, sondern auch statt Überwindung nur die Bestätigung der Sterilität. Am Ende der Kunstepoche, in der die Götter ihren Lieblingen alles ganz gaben, versiegt der Strom der Göttergaben.

Stellvertretend für die verlassenen Götterlieblinge und Musensöhne greift Leverkühn nach der Ersatzgabe des Teufels. Sie ist die Inspiration durch unlautere Steigerung. Im Teufelsgespräch ist dieser Schritt sophistisch gerechtfertigt: Die Forderung, daß die Kunst „echt", „wahr" und „natürlich" sei, ist cum grano salis zu nehmen, ist doch Echtheit im Bereich der Kunst eher ein Widerspruch in sich selbst, und „Ist wirklich nicht, was wirkt, und Wahrheit nicht Erlebnis und Gefühl?" Bedenkt man den Anteil der „kranken Genies" an der Gestaltung der europäischen Kultur, so überzeugt das Argument, „daß schöpferische, Genie spendende Krankheit" und „kühner Rausch" eine Kunst hervorbringen, deren „Lebenswirksamkeit" (243) vom Zeugnis der Geschichte garantiert ist. Unter Berufung auf gewichtige Autoritäten wird der durch Intoxikation hervorgerufene Rausch zum normalen und natürlichen Zustand des Künstlers, insbesondere des deutschen, erklärt. (Vgl. die leitmotivisch wiederholte Bemerkung von Bismarck, daß der Deutsche eine halbe Flasche Champagner brauche, um auf seine natürliche Höhe zu kommen.) Will die Kunst nach klassischem Vorbild die gute Natur nachahmen, so bewirkt sie Illusion; soll sie dagegen, wie es moderner Kunst aufgetragen ist, Ordnungsbeziehungen sichtbar machen, so hat sie Muster und Maß weit eher in der Tektonik des Anorganischen als im Organischen: „Eisblumen oder solche aus Stärke, Zucker und

Zellulose, – beides ist Natur, und fragt sich noch, wofür Natur am meisten zu beloben." (243)

Die Theorie der Kunstkrise im *Faustus* ist eine von Theodor W. Adornos kunstkritischen Analysen inspirierte Zusammenschau von Th. Manns Ansichten zur Künstler- und Bewußtseinsproblematik am Ende der „Kunstepoche". Sie gibt Th. Manns Kunstanschauung zur Zeit der Niederschrift wieder, freilich nicht in barer Münze, sondern im Zerrspiegel der Katastrophenproblematik, in deren Zentrum eine Entscheidung zur Überwindung der Krise steht, die im Kontext des Romans als moralisch verdammenswert, wenn auch von geschichtlicher Notwendigkeit erscheint. Die Gedanken sind also gemäß ihrer „Funktionsfähigkeit im geistigen Getriebe des Werkes" (EDF, 175) zu verstehen.

Adornos Einfluß verrät sich darin, daß die Geschichte der Kunst als eine Geschichte der Kunstmittel aufgefaßt ist. Die Beurteilung der Kunstmittel richtet sich nach deren historischem Stellenwert. Nur das Neue und Originale ist echt künstlerisch; bei wiederholtem Gebrauch erstarrt es zum epigonalen Klischee. So ist z. B. der verminderte Septimakkord bei Beethoven „richtig und voller Ausdruck", aber „durch einen historischen Prozeß, den niemand umkehrt", inzwischen zum „abgestorbenen Akkord" (257) geworden, der dem wirklichen technischen Gesamtstand der Gegenwart widerspricht. Der Kanon des Verbotenen wächst in der Zeit und nach Maßgabe des Fortschritts, auf den hin die Kunst angelegt ist. Die Vorstellung, daß sich das musikalische Material unter dem Zwang der alles beherrschenden Fortschrittsidee ständig weiterentwickeln muß, leitet sich von Hegels Evolutionstheorie her. Wie auch die Vorstellung, daß ein Kanon bereits verbrauchter Kunstmittel bestehe, der sich dem Künstler, der sich durch Originalität ausweisen müsse, entgegenstelle, ist sie reine Theorie. Dagegen stammt die Konzeption von der ihren Intentionen entfremdeten Wirksamkeit der Musik aus Adornos pragmatischer Musiksoziologie.[22]

Die Bestandsaufnahme geht insbesondere mit der Kunst „harmonischer Subjektivität" (55) ins Gericht und widerlegt ihren Wahrheitsanspruch, der sich auf das Prinzip der symbolischen Vermittlung gründet. In der Absage an die symbolische Kunstkonzeption der Klassik werden Ideen Nietzsches laut. Nietzsches

Ecce Homo ist wörtlich zitiert, wenn in der Schilderung des durch Inspiration gehobenen Zustands die im Rausch entfesselte Kraft zur Überwindung der Sterilität angepriesen wird. Th. Manns Auseinandersetzung mit seiner eigenen künstlerischen Situation entstammt der Gedanke, daß künstlerische Echtbürtigkeit in der Ausgeglichenheit von unmittelbarem Schöpfertum und ironisch distanzierter Handwerkerarbeit, von inspiriertem Einfall und kritischem Konstruktivismus, möglich ist. Das Dilemma liegt darin, daß dem Maximum von Ausdrucksmitteln, dessen das zeitgemäß wahrhafte Werk bei dem höchst komplexen Erkenntnis- und Bewußtseinsstand der Gegenwart bedarf, ein Minimum unverbrauchter Mittel gegenübersteht, so daß eine ausgewogene Beteiligung der beiden Schaffenskräfte an der Produktion des Werks allzu schwierig und ohne Opfer im menschlichen Bereich unmöglich erscheint.

Das Angebot des Teufels, durch Intoxikation produktiv zu werden, ist eine unlautere Lösung; denn es verheißt eine Produktivität, die sich einer durch Betrug und Selbstbetrug nur scheinbar herbeigeführten Ausgeglichenheit der Schaffenskräfte verdankt. Es verheißt Betäubung der einen und Steigerung der anderen Kraft durch krankhafte Illumination, die in vollem Bewußtsein der Konsequenzen gewählt und dann totgeschwiegen und aus dem Gedächtnis entlassen wird. Dies ist eine Lösung, die in der Krisenthematik des Romans als ein Rückschritt fungiert. Sie bildet ein Teilmoment des Rückgriffs, der – gekoppelt mit dem frevlerischen sacrificium intellectus – die Wende zum Bösen in der vom Roman herausgestellten Entwicklung markiert. In der krassen Verbildlichung der Entscheidung zu selbstzerstörerischer Illumination im Teufelspakt fällt grelles Licht darauf, wie niedrig das Menschliche und die Menschlichkeit bereits veranschlagt werden, und wie gefährlich nahe Ästhetizismus und Barbarei im Geiste beieinanderliegen. Die Diagnose, daß in „unserer durch und durch kritischen Epoche“ (EDF, 171) das Denken darauf angelegt sei, in die Apotheose von Rausch und Krankheit, von „Kraft und Macht und Herrschaft“ umzuschlagen, „das Subjektive, das reine Erlebnis“, gegen das „Objektive“, die „sogenannte Wahrheit“, auszuspielen und sich seiner eigentlichen Aufgabe, nämlich „der sogenannten Wahrheit nachzufragen“ (243), zu begeben, gipfelt in der These, daß es nur eines geringen Anstoßes bedürfe, um den florierenden Ästhetizismus in Barbarei umschlagen zu lassen.

In der Tat verbildlicht der Teufelspakt diese These. Vor ihm als Hintergrund spielt sich das Gespräch über die Kunstkrise und ihre Überwindung durch Steigerung der Kreativität ab. Auch von der Lebenswirksamkeit der Kunst ist dabei die Rede. Kunst gehört in den Bereich des Ästhetischen, und der ist in herkömmlicher Betrachtung ein Bereich des interesselosen Wohlgefallens. Wie die Unterteilung der klassischen Philosophie in Logik, Ethik und Ästhetik lehrt, ist dem Wahren, dem Guten und dem Schönen je ein gesonderter Bereich zugewiesen. Das macht die Autonomie der Kunst aus. Doch in der Rezeption der Kunst verwischt sich die Grenze zwischen Kunst und Leben, die der künstlerischen Produktion ihre Freiheit gibt. Wenn der Teufel mit Worten Nietzsches die Inspiration beschreibt und zugleich eine lebenswirksame Kunst verheißt, so spielt dies auf die Rezeption Nietzsches und die geistesgeschichtliche und politische Wirksamkeit seiner Ideen an.

Es handelt sich um die Umschreibung eines brisanten politischen Phänomens, nämlich desjenigen des Faschismus, und Th. Manns Weise, es zu begreifen.[23] Er betrachtet ihn als eine Folge des Ästhetizismus, worunter er einen in die „exotisch-berauschte Unterwerfung unter die Macht“ (GW, XII, 25) ausgearteten Kult des „Schönen“ versteht, der bar aller moralischen Bedenken die vitale Kraft, vollkommene Form und totale Organisation zelebriert. Daß die Vorstellung von Vollkommenheit und Schönheit, die mit „Ästhetizismus“ einhergeht, eine Chiffre des Todes und des Barbarischen ist, kommt schon im *Zauberberg* mehrfach zum Ausdruck: Erstarrung ist der Tod des Menschlichen, sein Sinnbild ist die makellose Symmetrie der Schneekristalle. In polarer Entsprechung gehört dort zur Todesstarre der vollkommenen Form das Blutmahl, das, sinnreich Form und Formlosigkeit umspielend, hinter der Fassade eines antiken Tempels gefeiert wird. In den Notizen zum *Faustus* findet sich zum Thema „Faschismus“ die Eintragung: „Die Sprengung des Bürgerlichen, die auf infektiöse und desintegrierende Weise vor sich geht, zugleich politisch. Geistig – seelischer Faschismus: Abwerfen des Humanen, Ergreifen von Gewalt ... Irrationalismus ... dionysische Verleugnung von Wahrheit und Recht“, „Hingabe an den Instinkt und das fessellose ‚Leben', das eigentlich der Tod und als Leben nur Teufelswerk, gifterzeugt ist. Der Faschismus als vom Teufel vermitteltes Heraustreten aus der bürgerlichen Lebensform"[24].

Soweit die Kunsttheorie des Romans dazu dient, die Bewußtseinskrise des Epochenendes im Analogon der Kunstkrise sichtbar zu machen, ist sie nicht identisch mit Th. Manns künstlerischem Credo. So gehören z.B. die unlautere Steigerung als einziger Weg des kritischen Geistes, die Produktivität auszulösen, und der Gedanke, daß alles auf den „Durchbruch" ankomme, nicht zur Auffassung seines eigenen Künstlertums. Diese läßt sich eher aus Zeitbloms Überlegungen zum „Kunstverstand" ablesen, die mehrfach als Autorenaussage abgesichert sind. Der „Kunst*verstand* – man muß den Ton auf den zweiten Bestandteil des Wortes legen", sagt er, sei „der eigentliche Anwalt der Werk-Idee ..., des in sich ruhenden, objektiven und harmonischen Gebildes überhaupt, – der Manager seiner Geschlossenheit, Einheit, Organik, der Risse verklebt, Löcher stopft, jenen ‚natürlichen Fluß' zuwege bringt, der ursprünglich nicht vorhanden war, und also gar nicht natürlich, sondern ein Kunstprodukt ist" (180f.). Kunst ist „gemacht", nicht „entstanden" und „entsprungen". Das Werk ist „Arbeit, Kunstarbeit zum Zweck des Scheins" (181). Dies ist der Kommentar des „Schriftstellers" Th. Mann zu der Meinung, daß man ihn nicht recht einen Dichter nennen könne, weil es ihm an Intuition, dichterischer Phantasie, Tiefe des Gefühls, kurz an schöpferischem Genie fehle. Im *Faustus* erlangt sein „Schriftstellertum" moralische Würde. Für Leverkühn ist das Harmonie vorgebende Werk Trug und gegen den Ernst gerichtet. Insoweit es Spiel sei, habe die Gegenwart kein Interesse an ihm, und seitdem man seine Scheinhaftigkeit durchschaue, sei es aus dem Bereich der Kunst in den des Banalen abgesunken, denn die Kunst „will Erkenntnis werden" (181). Deshalb sei die Kunst in der alten Definition des Wortes tot. Seinem Echtheitspurismus kann kein scheinhaftes Werk, sondern genau genommen nur der reale Augenblick unverstellten Leidens Genüge tun; ihn zur einzig echten „Kunst" zu erklären, bedeutet das Ende der Kunst. Für Leverkühn gibt es eine andere Möglichkeit, die Kunst aus ihrer Krise zu befreien: Es ist das Werk, das der totalen Kritik des Scheinhaften, also aller geistigen Produkte und Exekutionen, eine in der Kritik des Harmonischen negativ harmonische Gestalt gibt. Es überfordert jedoch den Geist, die Kritik seiner selbst zu gestalten. Deshalb bedarf er zu einem derartigen Unternehmen der unlauteren Steigerung. Diese ist Teufelswerk, denn der Begriff der Gestalt verträgt sich nicht mit dem der Negation. Was als Auflösung des Scheinhaften konzipiert ist, verkehrt sich flugs in lebenswirksamen Schein. Für Th. Mann ist diese Lösung nicht nur deshalb unzulässig, weil die krankhafte Steigerung den schöpferischen Geist zerstört, sondern weil sie vermöge ihrer Pseudogestalt auf das Leben zurückwirkt, dabei monströse Realitäten erzeugend. Th. Mann hat im *Faustus* sein Künstlertum gegenüber dem in Deutschland bis dato höher geschätzten des inspiriert schaffenden Genies behauptet. Die historischen Ereignisse hatten ihn darin bestätigt. Den Scheincharakter der Kunst stellt er schon allein mit den insistenten Bemerkungen darüber bloß. Zudem ist der Konstruktivismus des *Faustus* hohe handwerkliche Kunst und wird bei jeder Gelegenheit ins Licht gerückt, so daß die Illusion eines „Gewachsenen" und „Entsprungenen" gar nicht aufkommt. Sofern jedoch der Roman eine Geschichte enthält, die einen Helden hat, und sich in der Zeit entwickelt, scheint er im Hergebrachten zu verharren. Dessen eingedenk, spricht Th. Mann von der „traditionellen Gebundenheit" seines Werks und seinem „flauen Traditionalismus", wenn er es mit dem „extremen Avantgardismus" von Joyce vergleicht. Von der Beobachtung des Joyce-Interpreten Levin, die besten Werke der zeitgenössischen Literatur seien kein Akt der Schöpfung, sondern einer des Evozierens, gesättigt mit Reminiszenzen, fühlt er sich „sonderbar tief berührt" (EDF, 205); denn was im *Faustus* traditionell erscheint, ist tatsächlich ein kritisch auflösendes Traktieren des Traditionellen, bei dem der Autor es nicht bei der Auflösung beläßt, sondern herrenlos gewordene Bruchstücke der Tradition aufgreift, für seine Zwecke zurechtmacht und vor den Augen des Lesers zu romanhafter Gestalt zusammenbaut. Damit ist der Roman von dem Stigma befreit, der Schein eines anderen zu sein. Das Traditionelle ist im *Faustus* nur Rohstoff, es wird gebraucht wie Trümmer längst verfallener Gebäude für Neubauten verwendet werden. Die neue Gestalt ist primär sie selbst mit immanenten Beziehungen zwischen ihren Teilen und mit dem außerhalb Liegenden nur durch Anspielungen verbunden. Dies ist einer der Züge, die der *Faustus* mit musikalischen Werken teilt.

Nach dem Gesagten leuchtet es ein, warum Th. Mann der Montagetechnik im *Faustus* eine so große Bedeutung zugeschrieben und sie „geradezu zur Konzeption, zur ‚Idee' des Buches" gerechnet hat. Sie besteht in rücksichtslosem „Aufmontieren von faktischen, historischen, persönlichen, ja literarischen Gegebenheiten" (EDF, 165). Der Fiktion ist damit „eine zum vornherein ... humanisierte Wirklichkeit"[25] eingefügt. Dadurch entsteht ein Parallelbild zum Bild der Wirklichkeit, das sich deutlich als gemacht erweist. Die literarischen und faktischen Quellen, auf die angespielt ist oder deren Bestandteile einmontiert sind, sind so zahlreich, daß sich bei jedem Leser, der zum *Faustus* greift, weitreichende Assoziationen einstellen, die an sie anknüpfende Reminiszenzen wecken. Dadurch gewinnt der Bereich, in dem das Spiel der Assoziationen stattfindet, gegenüber der Geschehensebene des Romans erhöhte Bedeutung. Das Geschehen ist „nur Vordergrund, Repräsentation". Indem es Assoziationen und damit Reflexionen darüber anstößt, führt es hin zu der „Situation des Geistes" (EDF, 171), die sich hinter dem Geschehen auftut.

Kongruenz zwischen Kunsttheorie und -praxis besteht hinsichtlich des Bildes der Wirklichkeit und des von ihm vermittelten Sinnes. Wirklichkeit ist weder als Abbild noch als Sinnbild zu verstehen. So ist Leverkühn weder ein der Wirklichkeit entlehnter Einzelfall noch ein Faust, dessen Selbst sich zu dem der Menschheit erweitert. Er ist eine synthetische Figur, und seine Eigenschaften verkörpern Aspekte des Epochengeistes, der im Roman zur Debatte steht. Dies gilt für alle Figuren des Romans. In erster Linie verweisen sie, und erst in zweiter Linie „sind" sie. Aus heterogenen Bestandteilen zusammengesetzt, lösen sie Assoziationen verschiedener Art aus, werden auf ihre allegorische Bedeutung hin transparent und setzen – idealiter – eine Reflexion in Gang, die „entmythisierend" wirkt, z.B. wenn sie den im Symbol unantastbaren Mythos vom faustischen Menschen der Kritik aussetzt.

Indem Th. Mann im *Faustus* die Fiktion mit „Wirklichkeit" durchsetzt, das Geschehen ins Allegorische hinüberspielt und den Konstruktivismus der Form bloßlegt, löst er das Kunstgebilde aus der Beziehung, in der es traditionsgemäß, sei es als Mikrokosmos, als zweite Natur oder Symbol, in Kongruenz sowohl wie in Konkurrenz mit der ersten Schöpfung steht. Es geht im

Faustus darum, den „Zustand der Erkenntnis" einzubekennen, dem das Werk „abgewonnen" (182) ist, das „scheinhafte Spiel der Kunst" zu spielen, doch mit der „Zunge im Mundwinkel" (229), wie der aus dem Amerikanischen ins Deutsche übertragene und im Teufelsgespräch gebrauchte Ausdruck für Ironie heißt. Th. Mann rückt von den weltanschaulichen Implikationen der traditionellen Form ab, und er sprengt mit seinem Roman die Grenzen des Genres als Fiktion. Er vollzieht dies in einem Balanceakt, vollführt zwischen Parodie und Bekenntnis. (Vgl. GW, XI, 681 ff.) Auch in diesem Sinne und nicht nur in dem der Rückkehr zur Künstler/Bürger-Problematik seiner früheren Werke ist der *Faustus* Summe und Gipfel von Th. Manns künstlerischem Schaffen.

2.2 Paradigmatische Musik

Es gehört zu den Ironien des *Faustus,* daß der Musik, jener „wundersam unartikulierten Sprache" (12), die „nichts und alles sagt" (497) und „die Zweideutigkeit ist als System" (50),[26] die Aufgabe zufällt, „die Situation des Geistes selbst in unserer durch und durch kritischen Epoche auszudrücken". Kretzschmar erklärt, daß ihrer „kosmischen Gleichnishaftigkeit" ein „Parallelismus (ihrer) Grundelemente ... mit denjenigen der Welt" zugrundeliege. Deshalb führe sie an den Grund der Dinge und sei der Welt Mitteilungsorgan.[27] Schopenhauer ist der geistige Vater von Kretzschmars Versuch, das Wesen der Musik zu bestimmen: „Vielleicht ... sei es der tiefste Wunsch der Musik, ... in einem Jenseits der Sinne und sogar des Gemüts, im Geistig-Reinen vernommen und angeschaut zu werden. Allein an die Sinnenwelt gebunden, müsse sie doch auch wieder nach stärkster, ja berükkender Versinnlichung streben". Auch habe sie sich selbst in ihrem „hochkomplizierten, reich und fein entwickelten Wunderbau von historischer Creation ... niemals einer frommen Neigung entschlagen ..., ihrer anfänglichsten Zustände pietätvoll zu gedenken und sie feierlich beschwörend heraufzurufen".

In Leverkühns Werk kehrt die Musik ebenfalls zum „Uranfänglichen" zurück, doch nicht mit dem Es-Dur-Dreiklang, der im „Ring des Nibelungen" den „Anfang aller Dinge", „ die Musik des Anfangs und den Anfang der Musik", „den Mythos der Musik zugleich mit demjenigen der Welt gegeben" habe und der die Harmonie als Weltprinzip verkünde. Leverkühns Musik setzt einen anderen Anfang, wenn sie mit dem Glissando ihre „Elemente zelebriert" (64, 65): Ein „barbarisches Rudiment aus vormusikalischen Tagen", beschwört es den chaotischen „Urstand" der Musik, welcher herrschte, bevor „eine normierende Maß-Ordnung der Klänge" es vermochte, „den Gesang, der ursprünglich ein Heulen über mehrere Tonstufen hinweg gewesen sein muß, auf einer einzigen festzuhalten und dem Chaos das Tonsystem abzugewinnen". In seiner „antihumanen Dämonie" (373, 374) ist es Leverkühns mathematischem Konstruktivismus komplementär.[28] Den strengen Satz gewährleistet die Komposition in Reihen zu zwölf Tönen. Indem die Zwölftontechnik die Tonarten aufhebt und die Töne wieder freisetzt, macht sie die Errungenschaften jener Maß-Ordnung rückgängig. Andererseits jedoch verabsolutiert sie das Prinzip der Ordnung, so daß es im strengen Satz keine freie Note mehr gibt. „Interessantere Lebenserscheinungen", sagt Leverkühn, „haben wohl immer dieses Doppelgesicht von Vergangenheit und Zukunft, wohl immer sind die progressiv und regressiv in einem" (194). Der Parallelismus von Progressivem und Regressivem in Leverkühns Musik weist auf den „Rückfall des hoch- und überentwickelten Geistes in archaische Primitivität"[29], der das Signum der Epoche ist.

Wie „im Spätesten das Früheste" (376) wiederkehrt und das eine in das andere übergeht, veranschaulicht die „Apokalypse". Ihre Idee ist es, „gewissermaßen die Lebensgeschichte der Musik von ihren vormusikalischen, magisch-rhythmischen Elementar-Zuständen bis zu ihrer kompliziertesten Vollendung in sich aufzunehmen" (373).[30] Bei der Übertragung des Glissandos auf die Stimme entsteht das Geheul; es vertritt den Gesang in seiner noch nicht denaturierten Form. Sprechchöre, untermalt von Klängen, die „als bloßes Geräusch, als magisch-fanatisch-negerhaftes Trommeln und Gong-Dröhnen beginnen und bis zu höchster Musik reichen" (376), entwickeln sich in stufenweisen Übergängen vom Flüstern über geteiltes Reden und Halbsingen zu vollendetem polyphonen Gesang. Die harmonische Verfeinerung der Musik wie das Verkommen der Tonalität von dieser Verfeinerung zur Banalität illustriert eine „Parodie verschiedenster musikalischer Stile" (375), bei der sich „Klänge des französischen Impressionismus, bürgerliche Salonmusik, Tschaikowski, Music Hall, die Synkopen und rhythmischen Purzelbäume des Jazz" zu einem „Ringelstechen" (375) vereinen.

Das Moderne der „Apokalypse" ist „ein neuigkeitsvolles Zurückgehen" (372). Dieses ist auch das Kennzeichen der „neuen Barbarei", deren Heraufkommen das Ende der Epoche besiegelt. Zeitblom weist den Vorwurf der Kritik, in der „Apokalypse" vermählten sich „blutloser Intellektualismus" und „blutige Barbarei", um der darin liegenden Abwertung, nicht um seines Inhalts willen zurück, denn auch ihm gilt das Werk als die Bestätigung der These, daß der Ästhetizismus der Barbarei den Weg bereite. Sein Kommentar zur „Apokalypse" bringt das Werk in Verbindung mit der Zeiterscheinung, daß Rückschritt sich als Fortschritt maskiert: „Der Weg um die Kugel, von dem in den quälend gescheiten Unterhaltungen bei Kridwiß die Rede gewesen war, dieser Weg, in dem Rückschritt und Fortschritt, das Alte und Neue, Vergangenheit und Zukunft eins wurden, – hier sah ich ihn vollendet." (373) Die Verschmelzung von Anfang und Ende der geschichtlichen Entwicklung figuriert in dem musikalischen Werk als innere Einerleiheit von Höllengelächter und Kinderchor; „in dem sirrenden, sehrenden Sphären- und Engelsgetön ist *keine* Note, die nicht, streng korrespondierend, auch in dem Höllengelächter vorkäme", es ist „nach seiner musikalischen Substanz das Teufelsgelächter noch einmal". Dies ist jedoch „trotz strikt bewahrter Thematik als Wiederholung nicht mehr erkennbar". Nur „für den, der Ohren hat, zu hören, und Augen, zu sehen", ist in der „Lieblichkeit des Klanges", die „auch Widerstrebende gewonnen" hat, die Substanz des Teufelsgelächters erkennbar. Die Identität der Gegensätze, die Leverkühns Musik mit der „Vergleichung des Gleichen" (378) zum Ausdruck bringt, zeigt sich auch in der „Klangvertauschung, die zwischen dem Vokal- und dem Instrumental-Part" statthat. „Chor und Orchester ... das Menschliche und das Dingliche ... sind ineinander aufgelöst: der Chor ist instrumentalisiert, das Orchester vokalisiert", und „die Stimme der babylonischen Hure" ist „dem graziösesten Koloratursopran übertragen" (375). Zeitblom verteidigt das Werk gegen den Vorwurf des Barbarismus, den man wegen der „Vereinigung des Ältesten mit dem Neuesten, die das Werk charakterisiert", erhoben hat, mit dem Argument, daß diese „doch mitnichten eine Tat der

Willkür ist, sondern in der Natur der Dinge liegt: sie beruht ... auf der Krümmung der Welt, die im Spätesten das Früheste wiederkehren läßt." Dieser Hinweis auf Einsteins Begriff eines in sich gekrümmten Weltalls (1917) schränkt die Kritik an dem „neuigkeitsvollen Zurückgehen", wie es in der Mischung moderner mit frühen Stilmitteln der Tonkunst zum Ausdruck kommt, ein; denn moderne Kunst legitimiert sich im Gegensatz zur traditionellen als „echte Kunst" dadurch, daß sie mit dem wissenschaftlichen Weltbild der Zeit korrespondiert, indem ihre Technik die zeitgenössischen Möglichkeiten, das Leben denkerisch zu erfassen, im Konstruktivismus ihrer Form widerspiegelt. (Er ist zugleich ein Beispiel für die doppelte Optik des Romans, welche die kritischen Befunde wo nicht aufhebt, so doch relativiert.)

In Zeitbloms Beschreibungen von Leverkühns Werken sind Form, Technik und Stil von dessen Musik Chiffren der zeitgenössischen Erkenntnislage. Es obliegt ihnen und ebenfalls den musik-theoretischen Erörterungen, die „unartikulierte Sprache der Töne" in die „meinende Sprache" (Adorno) zu übertragen und ihr damit einen kommunizierbaren Sinn zu geben. Musik und Sprache unterscheiden sich dadurch, daß Musik autark ist – ihr Sinn ist, was sie ist –, während Sprache durch die Beziehung auf etwas außerhalb Liegendes Sinn hat. Deshalb sind Zeitbloms Werkbeschreibungen eigentlich Beschreibungen seiner literarischen Rezeption von Leverkühns Werken. Der Leser lernt Leverkühns radikal moderne Musik im Rahmenwerk von Zeitbloms Gesinnung kennen und erfährt die Humanitätsidee in der Spannung zwischen zwei extrem gegensätzlichen Einstellungen zu ihr, nämlich zwischen Zeitbloms zähem Festhalten an dem Glauben, daß sie sich zum Guten der Menschheit verwirklichen müsse, und Leverkühns Absage an sie, weil sie zu einem Petrifakt banaler Bildung erstarrt sei.

Zeitblom überträgt musikalische Termini in allgemeine Begriffe und erfaßt das musikalische Werk mit antithetischen Kategorien wie Subjektivität und Objektivität oder Freiheit und Gebundenheit, die auch in den kulturkritischen und geschichtsphilosophischen Erörterungen gelten. Dadurch fungiert der in die musiktheoretischen Passagen eingewobene musikgeschichtliche Abriß als ein Modell neuzeitlicher Geistesgeschichte. Die Geschichte der neuzeitlichen Musik ist als eine Entwicklung gedeutet, die aus dem Wechselverhältnis entgegengesetzter Prinzipien resultiert. Dieses Wechselverhältnis manifestiert sich in der stetigen Polarität von Ausdruck und Formenstrenge, Dynamik und Konvention, Selbstherrlichkeit und Ordnung in der Musik. Unter dem Gesichtspunkt des formbestimmenden Gegensatzes von Subjektivismus und Objektivismus erscheint die Geschichte der neuzeitlichen Musik als ein Prozeß fortschreitender Befreiung, in dessen Verlauf sich die Musik zunehmend verbindlicher Formen entledigt und zu einem Mittel subjektiver Aussprache wird. Er beginnt mit der Säkularisierung der Musik. Ihre Lösung aus dem „Kultusverbande“ (91) ist der erste Schritt zur Eigenständigkeit der Musik, deren letzter die „Erhöhung ins Einsam-Persönliche“ (65) ist. Im Anfangsstadium dieser Entwicklung hemmt das strenge Gesetz des Kontrapunktes den subjektiven Gestaltungswillen des Komponisten und die Auflockerung der Form. Während der „Phase echter Mehrstimmigkeit“ (372) herrscht „polyphonische Sachlichkeit“, d.h., solange die horizontal-lineare Stimmführung die Komposition bestimmt, sind die einzelnen Stimmen Träger der Melodie und bestehen in eigenem Recht. Dies verhindert, daß sie einer Hauptmelodie untermalend oder stützend untergeordnet werden. Als der vertikale Zusammenklang die horizontale Stimmführung verdrängt, gehen die Stimmen im harmonisch-homophonen Akkord auf, und „polyphonische Sachlichkeit“ weicht „harmonischer Subjektivität“ (55). Der Übergang von der Polyphonie zur Homophonie ereignet sich im 18. Jahrhundert mit dem Werk Bachs. Das harmonisch-akkordische Prinzip entbindet den Komponisten vom Zwang der kontrapunktischen Technik und räumt ihm innerhalb der Tonalität Freiheit beim Aufbau des Akkords ein. Da sich in der homophonen Musik der Akkord durch die beabsichtigte Klangwirkung rechtfertigt, wird er zum Ausdrucksmittel subjektiver Empfindung. Im Zuge dieser Entwicklung werden musikalische Konventionen, die dem subjektiven Ausdruck Grenzen setzen, beseitigt.

Wie die den musikalischen Formen innewohnende Schubkraft im Verein mit des Komponisten Willen, sie zu einem Instrument subjektiver Aussprache zu machen, ihre Veränderung bewirkt, erläutert der Roman am Beispiel der Sonate. Beethoven gestaltet die konventionelle Sonatenform um, indem er die Durchführung, die freie Verarbeitung der Hauptgedanken eines Satzes, aus einer „bescheidene(n) Freistatt subjektiver Beleuchtung und Dynamik“ (191) zum Zentrum der Sonate erhebt. Brahms vollendet, was Beethoven begonnen hat, indem er die Sonate von der Durchführung her aufbaut und so die Freiheit zum allbeherrschenden Gestaltungsprinzip macht. Die Tendenz zur Auflösung ergreift schließlich die Tonalität selbst. Mit jeder neuen Klangverbindung entfernt sie sich von ihrem akkordalen Zentrum, so daß der „abgestorbene Akkord“ (240) das Tonsystem, das sich auf ihn gründet, mehr und mehr diskreditiert. Mit dem Zerfall des Akkords schwindet das letzte Mittel formalen Zusammenhalts. Auf die sich daraus ergebende Unverbindlichkeit folgt der Umschlag in die totale Ordnung des strengen Satzes und die Rückkehr der Musik in die Gebundenheit.

Mit dem zyklischen Verlauf der geschichtlichen Entwicklung thematisiert der Roman ebenfalls die Neigung der Gegensätze, ineinander überzugehen, ist doch „das tiefste Geheimnis der Musik ... ein Geheimnis der Identität“ (378). In den Werken der Großen, bemerkt Kretzschmar unter Hinweis auf Beethovens Spätwerk, durchdringen sie sich bis zu völliger Identität. Brahms gilt Leverkühn als Beispiel, wie „Subjektivität in Objektivität sich wandelt“. Da die Durchführung der Sonate „nichts Unthematisches mehr (läßt), nichts, was sich nicht als Ableitung eines immer Gleichen ausweisen könnte“, werde die „Freiheit zum Prinzip allseitiger Ökonomie“ (191), so daß sich kaum mehr von einem freien Satze sprechen lasse – eine Anspielung auf seinen strengen Satz, in dem kein Ton auftreten dürfe, „der nicht in der Gesamtkonstruktion seine motivische Funktion erfüllte“ (192). Von Leverkühns letztem Werk heißt es, daß es, „sein strengstes Werk, ein Werk äußerster Kalkulation, zugleich rein expressiv“ (487) sei.

Leverkühn gilt es als erwiesen, daß die Herrichtung der Musik zu einem Mittel subjektiver Aussprache ihre Erschöpfung bewirkt, sie ihrem Wesen entfremdet und die Untauglichkeit der Freiheit als Gestaltungsprinzip offenbart habe. Er weiß sich an einem Wendepunkt der Entwicklung und betrachtet es als seine geschichtliche Aufgabe, eine Kompositionsweise zu entwickeln, die sich an den objektiven Eigenschaften des Tonmaterials orientiert. Die streng gesetzmäßige Form der Reihenmusik trägt seiner

Auffassung von der Musik als einem System mathematisch erfaßbarer Ordnungsbeziehungen Rechnung. Auf die Funktion der Zwölftonmusik als Paradigma weist Th. Manns Notiz: „der eiserne Konstruktivismus des 12-Ton-Systems. Restaurativ im revolutionären Sinn und insofern faschistisch“[31].

3
Geschichte: Das Alte im Neuen

Der Untertitel des Romans, *Das Leben des deutschen Tonsetzers Adrian Leverkühn erzählt von einem Freunde*, kündet an, daß die Geschichte des Helden von der Geschichte des Erzählens umschlossen ist und über das Private und somit ihre Zeit hinausweist. Die Biographie Leverkühns ist in die Darstellung der zeitgenössischen Gesellschaft eingebettet, und Berichte über die Zeit des Erzählens umrahmen das Ganze. Sie bilden eine Art Nachgeschichte, insofern der historische Hintergrund die dem Gesellschaftsbild inhärente Zukunftsprognose bestätigt. Zusammen mit den musik- und kulturgeschichtlichen Exkursen erweitert er das Gegenwartsgeschehen um die historische Dimension. Dennoch ist der *Faustus* kein Geschichtsroman; denn das Historische ist in das Geschehen nur einbezogen, wenn und wie es noch lebendig ist. Zwar ist die Gegenwart als ein Produkt der Vergangenheit begriffen, und ihre charakteristischen Züge werden von bestimmten historischen Ereignissen hergeleitet; aber Vergangenes kommt nicht als Geschichte, wie sie denn gewesen ist, in den Blick, sondern als zweckgerichtete Kombination von Überlieferungsfragmenten. Es wäre historischem Denken gemäß, die Gegenwart als das Ergebnis einer Kette von Ereignissen zu sehen, die kausal oder auch nur reihend verknüpft sind. Sie ist jedoch als ein Moment begriffen, in dem Kräfte, die allezeit die historischen Entwicklungen bewegen, wie auf Geheiß zum Schlimmen zusammenwirken – dies entspricht eher mythischem Weltverstehen.

Beginn und Ende der Epoche, von deren Ende der Roman handelt, sind in der Doppelfigur Faust-Leverkühn miteinander identisch. Der Aspekt des Zeitraums ist hier aus dem Epochenbegriff ausgeklammert: Faust-Leverkühn repräsentiert die geistigen Merkmale der Emanzipationsepoche, von denen die Tendenz zur Rückneigung gegen das Ende hin zum hervorstechenden Merkmal wird. Faust-Leverkühn endet, indem Leverkühn unter der Faustschablone verlöscht; die Neuzeit endet, indem ihre Errungenschaften in einer neuen Barbarei zunichte werden.

Das „hoch-prekäre Künstlerleben" (EDF, 169) ist das eigentlich Romanhafte, das fiktive Exempel für die Krisensituation am Ende der Neuzeit, in die alle Bereiche des geistigen Lebens geraten sind: die Kunst, das Bewußtsein des Individuums, das Bürgertum als geistige Lebensform, das Deutschtum und die Idee der Humanität. Nach den Bereichen, die von Leverkühn nicht nur repräsentiert, sondern auch vorgespielt werden, kann man den *Faustus* einen Künstlerroman, einen Roman des deutschen Geistes, einen Roman von der Ideologie des deutschen Mannes oder auch mit besonderem Recht einen Musiker- oder Musikroman nennen. Aber selbst die Musik ist „nur Vordergrund und Repräsentation, nur Paradigma ... für Allgemeineres, nur Mittel, die Situation der Kunst überhaupt, der Kultur, ja des Menschen, des Geistes selbst in unserer durch und durch kritischen Epoche auszudrücken" (EDF, 171).

Ein besonderer Wesenszug des Epochengeistes ist das ungebrochene Weiterleben des Alten im Neuen. Im Genius loci von Kaisersaschern lebt das finstere Mittelalter fort, in Halles „theologische(r) Luft" (89) weht der Geist von Scholastik und Reformationszeit, auf Hof Buchel ist das 16. Jahrhundert gegenwärtig. Sie alle fallen unter den Sammelbegriff „altdeutsche" Zeit „von anno fünfzehnhundert oder so, kurz bevor Dr. Martinus kam" (232), als die Zeit unmittelbar vor der „Emanzipation des Individuums, der Geburt der Freiheit" (353). Sie ist gekennzeichnet mit den Stichworten „Wallfahrtsdrang", „Hungersnot", „Krieg und die Pest", „Meteore, Kometen und große Anzeichen", „Meister Dürer", „Flagellanten" und „bleiche Venus" (venerische Krankheit). Der Roman schreibt dem Geist dieser Zeit eine durch die Jahrhunderte bis zur Gegenwart unvermindert lebendige Wirksamkeit zu. Kaisersaschern ist das Paradigma für lebendiges Mittelalter im Geist der Neuzeit und dient zuerst zur Veranschaulichung des Gemeinten und danach als Signalwort dafür. Die geistig-seelische Verfassung, für die Kaisersaschern steht, macht es z. B. möglich, daß Leverkühn den Teufel leibhaftig bei sich zu Gast hat. Als er die Realität der Erscheinung mit dem Argument bezweifelt, daß sie zwar in Wittenberg oder Kaisersaschern, nicht jedoch in Palestrina glaubhaft sei, fordert der Teufel ihn auf, sich doch einzugestehen: „Wo ich bin, da ist Kaisersaschern" (227), womit er darüber aufklärt, daß Kaisersaschern ein geistiger Ort ist.

Kaisersaschern „im Herzen der Luther-Gegend" (11) ist eine aus mehreren altdeutschen Städten,[32] darunter Lübeck und Naumburg. Die Art und Weise, wie die Vergangenheit in ihm bewahrt ist, macht es repräsentativ für die altstädtische Klein- und Mittelstadt, in der deutscher bürgerlicher Geist beheimatet ist. Kaisersaschern ist „sich selbst genug und fühlt sich, wie jede deutsche Stadt, als ein Kulturzentrum von geschichtlicher Eigenwürde". Mit seiner Folterkammer, seinen zwei alliterierenden Zaubersprüchen, die noch älter als die Merseburger sein sollen, dem Grabmal Ottos III., als Bischofssitz im 10. und wieder vom 12. bis zum 14. Jahrhundert, mit Schloß und Dom, Türmen und Giebeln hat es die Zeugen und das architektonische Stadtbild aus großer deutscher Zeit konserviert. Die Museumsschätze dokumentieren die geschichtliche Würde der Stadt, für die Bewohner aber bedeuten sie mehr: Sie bewahren „für das Lebensgefühl die ununterbrochene Verbindung mit der Vergangenheit" (38). Das Alte gilt den Kaisersascherern als das ihnen Eigene und Natürliche und deshalb Beständige, an das sie sich halten und das ihnen Stolz und Selbstgewißheit gegenüber allem Fremden verleiht. Ihre seelische Altertümlichkeit macht sie immun gegen eine neuzeitliche Humanisierung des Empfindens.

In Kaisersaschern bestimmen unter der Oberfläche moderner Formen des Zusammenlebens barbarische Gesinnung und Gesittung der Frühzeit die mitmenschlichen Beziehungen, als seien sie naturgesetzlich. Bei Käuzen und Kindern, Menschen also, die den Zwängen der sozialen Gegenwart nicht unterstehen, äußern sie sich unverhüllt. Ihre Sonderlinge sind die verräterischen „Kennzeichen solcher altertümlich-neurotischen Unterteuftheit und seelischen Geheim-Disposition einer Stadt" (39). Selbst den „Ungestimmten" (Zeitblom), den kritisch Beobachtenden, wandelt „ein archaisches Grauen" (40) an, wenn die mittelalterliche Gemütsverfassung im kindlichen Spiel einer Hexenjagd ausbricht, wie in der Verhöhnung der Keller-Liese, einer behinderten alten Frau, durch eine fanatisierte „Jungens"-Meute, die sie zuerst jagt und dann in panischem Schrecken vor ihr flieht. Dabei verhalten sich die „harmlos Halb-Geisteskranken" und „die ‚Jungens'" in einander ergänzender Weise; denn die Verfolgten sind wie die Verfolger, ja mehr noch als diese, im alten Aberglauben befangen. Das Alter, das Kaisersaschern auszeichnet, ist also nicht sein historisches Alter, sondern seine gegenwärtige Altertümlichkeit; sein „Alter ist Vergangenheit als Gegenwart, eine von Gegenwart nur überlagerte Vergangenheit" (39).

In Halle ist das Alte im akademischen Bereich lebendig. Die Erinnerung an den Theologenstreit um die Reformation wird zum Anlaß, die Macht des Alten im deutschen Geist aus dem historischen Ereignis der Reformation und dem Sieg des Luthertums über den erasmischen Humanismus herzuleiten. Die Reformation, so belehrt Zeitblom den Leser, stelle ein retardierendes Ereignis in der Geschichte des sich emanzipierenden Geistes dar, weil sie den Tod der Kirche, die veraltet und bereits am Sterben gewesen sei, hinausgezögert habe. Er vergleicht sie mit einer Brücke, die einerseits mit der Befreiung des Gewissens zur Selbstverantwortlichkeit aus scholastischen Zeiten in unsere Welt freien Denkens, andererseits mit der Wiederbelebung des Glaubens zurück ins Mittelalter führe, und wirft die Frage auf, „ob nicht die Reformatoren eher als rückfällige Typen und Sendlinge des Unglücks zu betrachten sind" (90). Im Pietismus sei das von der Reformation geprägte Schema wiederholt und inzwischen charakteristisch geworden: Befreiung von geistigem Zwang und Wiederbelebung des Absterbenden durch eine von der Vernunft nicht zu billigende Ekstatisierung des frommen Gefühls. So sei die Reformation für Deutschland zum Verhängnis geworden, weil sie am Beginn der Neuzeit den aufbrechenden Geist auf den Weg der Innerlichkeit statt auf den der Kritik gelenkt habe.

Mit Zeitbloms Kritik der Reformation ist der Zwiespalt im Kern deutscher Geistigkeit an den Punkt zurückgeführt, wo ihm im Gegensatz von Reformation und Humanismus eine geistesgeschichtliche Konfrontation entspricht. Das Bild der Reformation, das dabei entsteht, ist in seiner Einfachheit und negativen Auswahl nicht überzeugend; es rechtfertigt sich jedoch aus der Perspektive Zeitbloms[33], die hier der Kunstgriff ist, mit dem das historische Ereignis der These des Romans gefügig gemacht ist. Das gleiche gilt für das Lutherbild.[34] Zeitblom benutzt die Formel des historischen Gegensatzes von Humanismus und Reformation auch dazu, sich und Leverkühn einzuführen und ihre Wesensart gegeneinander abzugrenzen. Dabei gerät seine geistesgeschichtliche Deutung der Reformation ins Schillern, denn er hängt an dem Freund, der das „Luthertum" vertritt,[35] mit verblendeter Liebe.

Sich selbst bestimmt Zeitblom als einen Abkömmling der Humanisten „aus der Zeit der ‚Briefe der Dunkelmänner'", als einen

„Gelehrte(n) und conjuratus des ‚Lateinischen Heeres'" (7). Die Daten zu seiner Person sind typisch: Herkunft aus halbgelehrtem, bürgerlich-kleinstädtischem Mittelstand; der Vater Apotheker; die Mutter eine pflichtgetreue „Tochter der Kirche" (11); Besuch des Gymnasiums; Studium der klassischen Sprachen und Literatur in Gießen, Jena, Leipzig und Halle; Bildungsreise nach Italien und Griechenland; Anstellung am Heimatgymnasium; Eheschließung mit der schlichten Kollegentochter Helene Ölhafen; ab 1914 im bayerischen Schuldienst als Gymnasialprofessor und Dozent an der theologischen Hochschule zu Freising; drei Kinder, deren Mittelmäßigkeit er betont. Er hat sich dem Widerstand gegen alles Dämonische verschrieben und seiner „Gesinnung ... Opfer gebracht", indem er sich vorzeitig pensionieren ließ, „als sich erwies, daß sie sich mit dem Geist und den Ansprüchen unserer geschichtlichen Entwicklungen nicht vereinbaren ließ" (8). Zwar räumt er ein, daß kein Bereich des Menschlichen „ganz unzugänglich dem Einfluß der unteren Gewalten" (13) sei, behauptet jedoch, daß ihr Wirken *ihm* durchaus fernliege und daß zudem die humanistische Wissenschaft ihm sicheren Schutz vor ihnen böte. Es ist die Ironie seines Bekenntnisses zum Humanismus, daß gerade das, wogegen er sich mit seiner Lebensgestaltung absichert, der Gegenstand seiner Faszination ist.

Adrian Leverkühn stammt aus einer alten protestantischen Handwerker- und Bauernfamilie, die seit mehreren Generationen auf Hof Buchel sitzt. Er ist der begabte zweite Sohn, von dem alle glauben, daß er „zu ‚etwas Höherem' berufen sei und der erste Studierte seines Geschlechtes sein werde" (36). Von Kindheit an ist er auf der Suche nach der „Hauptsache" seines Lebens, und alles andere ist ihm gleichgültig. Während Zeitblom zu seinen Lehrern ein herzliches Verhältnis hat, ist Leverkühn bei diesen unbeliebt, weil er „den Lehrstoff ... mit überbegabter Lässigkeit" (47) abtut. Er bietet „das singuläre Phänomen des schlechten Schülers in Primusgestalt" und gilt als hochmütig, weil er sich nichts auf seine Leistungen einbildet. Zeitblom muß seine Schwäche in Mathematik „durch freudige Tüchtigkeit im Philologischen" kompensieren, Leverkühn dagegen interessiert sich vor allem für diese Disziplin, und zwar mit der Begründung, daß „Ordnungsbeziehungen anzuschauen ... doch schließlich das Beste" (48) sei. Bei Schulabgang wird er zur Demut ermahnt und vor „Selbstgenüge"

(86) gewarnt. Er studiert zuerst in Halle Theologie, von der es heißt, daß sie zum wissenschaftlichen Fortschritt in einem „nötigungsvollen" Verhältnis stehe und die Neigung habe, „zur Dämonologie zu werden" (92), und dann in Leipzig Musik, welche „die Zweideutigkeit ist als System" (50). Leverkühn ist ein Einzelgänger; Freunde hat er nur, insofern sie ihm ergeben sind. Sein Lebensweg führt nach innen. Um sich selbst zu finden, reist er nach Palestrina.[36] Er übt nie einen Brotberuf aus, er heiratet nicht und übernimmt keine soziale Verantwortung, sondern lebt ganz seiner Berufung zur Musik. Wo immer er auch Wohnung nimmt, bleibt er der Sohn in mütterlicher Obhut, bei Roddes, in Haus Manardi, auf Hof Schweigestill und schließlich wieder in Buchel.

Buchel ist Leverkühns „Früh-Umwelt" und „Ursprungslandschaft", ein Idyll altdeutscher Bäuerlichkeit in der „einfachen Szenerie von Feld und Wald, Teich und Hügel" (27). Es ist von Kaisersaschern aus nur umständlich per Bahn und Fuhrwerk erreichbar, d.h., es ist schwer zugänglich für das Städtische, Fremde und Neue. Sein Gesetz ist die ehrfürchtige Bewahrung des Alten. Die Hofgebäude bilden ein offenes Viereck mit Fachwerk-Wohnhaus, Ställen und einer alten Linde in der Mitte des Hofes. Magd und Knecht, Hofhund, Schweinekoben, Hühnervolk, Bienenwohnungen und Garten vervollständigen das Idyll. Dem Großvater begegnet man mit Ehrerbietung, der Vater ist ein Muster deutscher Biederkeit, und von der Mutter sagt Zeitblom, daß ihm nie eine anziehendere Frau vorgekommen sei.

Es wird einem jedoch nicht wohl in diesem Idyll, weil jedes der idyllischen Requisiten auf seine Weise nicht geheuer ist. Unter dem Klischee heimeliger Geborgenheit verbirgt sich eine unheimliche, dem Dämonischen nach allen Seiten hin offene Wirklichkeit. Der ehrwürdige Großvater mischt sich „zahnlosen Mundes räsonierend" (15) in Angelegenheiten ein, die ihn nichts mehr angehen; das Wasser des Teiches ist auffallend kalt; die Schweine, „das sudelige Gedränge ... mit den listigen, blond bewimperten Blauäuglein und den menschenfarbenen Speckleibern", sollen, alten Magdgeschichten nach, gelegentlich kleine Kinder verzehren; das Hühnervolk „hinter seinem Drahtgitter" bricht zuweilen in Hysterie aus; der Stich der Bienen verursacht dröhnenden Schmerz; der schäbige Kettenhund lacht „breit über das ganze Gesicht" (27). Magd und Knecht, die Adrian besonders nahe stehen, sind so vorzeitlich ungeschlacht und unterweltlich schauderhaft, daß sie wie Fremde in der Welt der Menschen wirken.[37] Mit der Linde ist das Lied „Am Brunnen vor dem Tore" zitiert und damit Todesverfallenheit als die Kehrseite des Heimwehs.[38] In der Assoziation zu der Deutung des Liedes im *Zauberberg*, unmittelbarer noch zum Ansehen der Linde als Zentrum vorchristlicher Kultstätten und später als Mittelpunkt des Dorfes und Versammlungsort der Dorfbevölkerung, liegt eine Vorausdeutung auf Leverkühns trostlose Heimkehr. Es heißt dann: „Viel saß er auch, seinem Hindämmern von den Hofleuten bereits mit Seelenruhe überlassen, im Schatten des Baumes auf der Rundbank" (508). – Mit der Disposition des Idyllischen für das Dämonische, die in der Beschreibung Buchels durch die Inkorporation von Motiven, die dem Komplex des Dämonischen angehören (wie Kälte, List, Sudeligkeit, blaue Augen, Geplärr, Kindermord, Verwundung, Schmerz und Unterwelt), suggeriert ist, bildet Buchel das bäuerliche Pendant zu dem kleinstädtischen, altertümlich-neurotisch „unterteuften" Kaisersaschern.

Ähnlich verhält es sich mit dem Bild der Eltern Jonathan und Elsbeth Leverkühn. Zeitblom nennt es ein „Wandelbild", das „aus dem Jugendlichen in müdere Phasen hinüberglitt". Es ist ein Bild altdeutscher Biederkeit, die allmählich verdächtig wird. Der Vater wird vorgestellt als „ein Mann besten deutschen Schlages, ein Typ, wie er in unseren Städten kaum noch begegnet ... eine Physiognomie, wie geprägt von vergangenen Zeiten, gleichsam ländlich aufgespart und herübergebracht aus deutschen Tagen von vor dem Dreißigjährigen Kriege" (15). Im Ton seiner Beschreibung umgibt der Erzähler den Vater seines Helden mit dem gebührenden Nimbus. Mit ihrem Inhalt aber durchlöchert er das Klischee vom „besten deutschen Schlag". Jonathan ist dörflich, altertümlich und altertümelnd; er trägt altmodische Haartracht und Kleidung, raucht eine porzellanene Deckelpfeife und liest in einer „mit ledernen Spangen zu verschließenden Erb-Bibel". Das kleine Ohr, die dünnrückige Nase, die Migräne und auch, daß er sich mit einem „guten Krug Merseburger Bieres" in Schlaf trinkt, lassen eine schwächliche oder gar dekadente Physis vermuten, die sich mit einem Urbild des Bauern nicht verträgt. Sein Interesse an bizarren Grenzerscheinungen der Natur ist den praktischen Erfordernissen seines bäuerlichen Berufs konträr; seine Frau hat größere Autorität beim Hofgesinde als er; und sein Sohn findet seinen Tiefsinn komisch.

Wie in Kaisersaschern Volkswahn und Aberglauben des Spätmittelalters lebendig sind, so beschwört Jonathan Leverkühn mit dem Spekulieren der Elemente Geist und Atmosphäre der Schwarzkünstler. Bei den Demonstrationen von seltsamen Naturspielen präsentiert er sich in der dafür charakteristischen Mischung von Gelehrtem, Prediger und Zauberer. Seine Belehrungen gehen immer in eine „mystische oder ahnungsvoll halbmystische" (21) Richtung und heben hervor, auf „eine wie verwirrende Art ... die Reiche ineinander geistern". Die Mimikry des Blattschmetterlings veranschaulicht die Idee der Identität von Ungleichem, das Experiment mit der sichtbaren Musik die Vorstellung von der „Transmutation" der Substanzen. Die „Einheit der belebten und der sogenannten unbelebten Natur" (22) sieht er erwiesen in physikalischen Erscheinungen wie dem fressenden Tropfen und den Eisblumen, die „mit ihren eisigen Mitteln im Organischen dilettierten", und demonstriert sie am Höhepunkt seiner Veranstaltung an den osmotischen Gewächsen. Dazu moralisiert er: „es sind keine (Pflanzen), sie tun nur so. Aber achtet sie darum nicht geringer!" (23) In jenem Augenblick voll sentimentalen Tiefsinns und Komik bekommt Jonathan Tränen in die Augen, und Adrian wird von unterdrücktem Lachen geschüttelt. Indem Zeitblom davon erzählt, merkt er, daß Jonathans Tiefsinn ihn noch in der Erinnerung einzuspinnen vermocht hat; so gibt er für einen Augenblick die beflissene Haltung gegenüber seinem Erzählgegenstand auf und urteilt aus der sicheren Distanz seiner humanistischen Weltanschauung: „Gespenstereien wie diese sind ausschließlich Sache der Natur, und zwar besonders der vom Menschen mutwillig versuchten Natur. Im würdigen Reiche der Humaniora ist man sicher vor solchem Spuk." (24)

Den tiefen Sinn seiner Naturanschauung bezieht Vater Leverkühn aus alchimistischen Denkvorstellungen.[39] Sein „Alchimistentum" ist freilich im 16. Jahrhundert zu Hause und spiegelt Verfallsformen der alchimistischen Theorie. Kennzeichnend dafür sind die Atmosphäre des Hokuspokus, das moralisierende Pathos, die Verdächtigkeit der Spekulationen, der Gedanke von der unerlaubten Reizung der Natur, die Vorstellung einer in allem wohnenden Seele in der abgesunkenen Form seiner psychologischen Deutung physikalischer Prozesse und der Glaube, daß ein geheimer Sinn die Natur durchwalte und sich in Chiffren mitteile, die dem Menschen unentzifferbar seien.

Jonathans Alchimistentum liefert einen Schlüssel zu dem vielberufenen Geheimnis[40] des Romans, das als Geheimnismotiv, als geheimnisvolle Beziehungen und Bedeutungen innerhalb des Romans und auch als eine Art Geheimniskrämerei des Autors faßbar ist. Das Geheimnismotiv enthüllt sich als Motiv des unlösbaren Geheimnisses im Sinne der Alchemie, das hinter allen Erklärungen bestehen bleibt. Die geheimnisvollen Beziehungen zwischen den Elementen des Romans werden im Spiegel von Denkformen der alchimistischen Theorie sichtbar. Es gibt genügend Anhaltspunkte dafür, daß die alchimistische Theorie als eine von mehreren Bauvorlagen bei der Romankonzeption Pate gestanden hat. In ähnlicher Weise wie sein Held Leverkühn seine Kunst der musikalischen Komposition mit Formulierungen aus der Fachsprache des alchimistischen Metiers artikuliert, hat Th. Mann den Konstruktivismus seines Romans dem Leser bewußt zu machen gesucht. Die Konstruktionstechnik des Romans könnte mit einem der alchimistischen Theorie analog gebildeten System beschrieben werden, zu verstehen: als dem Roman nachgeformt.

Die Grundsubstanz des Romans, seine prima materia, besteht aus einer Anzahl von Motiven und Motivkomplexen.[41] Mit Vater Leverkühn ist diese Grundsubstanz in ihrem untingierten, d.h. noch nicht zu stoffverwandelnder Bewegung gereizten Zustand vorgeführt. Überhaupt hat die episodenhafte Darstellung von Buchel als Teil der Exposition die Aufgabe, das Fundament für die Romanmotivik zu legen. Es klingen an Grundmotive (Kopfschmerzen), Leitmotive (Spange), thematische Bereiche (Du mit der Menschheit) und Aufbauformen (Parallelbildungen). Es treten hier Kernbereiche des Romans in der ganz besonderen Form von sinnbildlichen Figuren auf, die von großer Einprägsamkeit sind und so nicht wieder vorkommen. Sie sind in einer Art traumsymbolischer Vorausdeutung an den Anfang gestellt und fungieren als großzügige Referenzmodelle. Unter diesen Sinnbildern ist das am leichtesten zu deutende der Glasflügler Hetaera esmeralda. Andere sind der Blattschmetterling mit seiner Schutznachahmung, die Muscheln mit ihrer Außenästhetik, die sichtbare Musik, der fressende Tropfen und die osmotischen Gewächse. Das

Element „selbstgesetzte Ordnung", das sich später in die Konfiguration der Theorie vom strengen Satz oder auch in diejenige von Leverkühns künstlerischer Produktion und in die seiner Faustimitation wandelt, ist – körperlos, passiv und elementar – im selbstgebauten Außengehäuse der Weichtiere als hineingelegte Bedeutung vorhanden. Dasselbe gilt für Hetaera esmeralda. Der Falter fungiert im Roman nur als Träger der in ihn hineingelegten Bedeutung. In aktive Romansubstanz verwandelt, kehrt er wieder in der Dirne Esmeralda oder dem musikalischen Motiv h e a e es in Leverkühns Werk. – Durch Unterschiede von Qualität und Konfiguration der Motive entsteht die Vielfalt der Situationen. Die Elementarmotive bleiben immer gleich und bedingen die Identität der so aufgebauten Teile des Romans. Betrachtet als Motivkomplexe im ganzen, sind z. B. Adrian Leverkühn und Clarissa Rodde sehr ungleich, aber im Elementarmotiv vom Selbstmord sind sie identisch, freilich in seiner Form als Handlungsmotiv schon nicht mehr, denn der Selbstmord ist bei beiden etwas anderes im Beziehungsgeflecht des Ganzen. Das Motiv der dienenden Hingabe dagegen erstellt eine Identität zwischen den anscheinend völlig verschiedenen Figuren Zeitblom und Meta Nackedey, die wesentlich ist. – Das Substanzielle der Motive, ihre Stellung in der Konfiguration des jeweiligen Zusammenhangs, ihre Qualität, ihr Rang, ja ihre Gesamterscheinung, kann alle Arten der Unterschiedlichkeit aufweisen von der Ähnlichkeit bis zur Gegensätzlichkeit und Andersartigkeit.

Zum Thema von der unheilvollen Lebendigkeit von Altem in Neuem gehört der sogenannte „Rückgriff", der als Ursache für das Überdauern altertümlicher Seelenstrukturen angesehen wird. Der Rückgriff ist definiert als die Neubelebung von etwas, das am Absterben ist, weil es seinen Sinn verloren hat. Ungeachtet dessen wird es am Leben erhalten, wenn es hilft, eine revolutionäre Idee durchzusetzen. Aber was nur als Mittel zum Zweck beibehalten worden war, bleibt auch nach Erreichen des Ziels lebendig und wirkt untergründig fort. Solche Rückgriffe haben, beginnend mit der Wiederbelebung des frommen Gefühls in der Reformation, in historischer Folge die charakteristische Altertümlichkeit der deutschen Seele zustande gebracht.

Inhalt und Form des *Faustus* stimmen darin überein, daß der Themenkomplex vom Alten im Neuen in seinen beiden Ausprägungen als Altertümlichkeit und Rückgriff eine hervorragende Rolle spielt. Im Inhalt zeigt z. B. Kaisersaschern das Überdauern des Alten, und Leverkühns Faustnachfolge ist ein Rückgriff auf den Prototyp eines überholten Menschenbilds. In der Form ist Altes mit Neuem verbunden, indem Strukturen eines längst ungültigen Weltbilds den Konstruktionsprinzipien eines modernen Romans gleichen. Die Verwendung alchimistischer Gedankenfiguren als Metaphern zur Kennzeichnung seines Aufbaus scheint im *Faustus*, dessen Hauptgegenstand die Geisteslage am Ende der Emanzipationsepoche ist, ein Rückgriff im oben definierten Sinne zu sein. Das gleiche trifft auf die Adaption der Faustmotivik zu, und diese ist auch von der Kritik als ein Anachronismus bemängelt worden. Das ist zu widerlegen, geht es dem Autor doch gerade darum, bestehende Anachronismen aufzulösen. Um dies zu erklären: Die „meinende" Sprache ist dem heutigen Menschen fertig überkommen, strukturiert nach den Denkformen früherer Zeiten. Deshalb kann er nicht aussprechen, was er weiß. Gleichviel, ob ihm die Divergenz zwischen seinem Wissen und dem ihm zur Verfügung stehenden Ausdrucksvehikel bewußt ist, er hat keinen Ausweg. Versuche, die Sprache zu modernisieren, dringen nicht unter deren Oberfläche oder sind zu angestrengt, um sich durchsetzen zu können. So verhext die Sprache alle neuen Erkenntnisse immer wieder zu den alten Weisheiten und Wahrheiten. – Der *Faustus* nun degradiert überlieferte Denkfiguren, die mittels der Sprache das Erkenntnisvermögen strangulieren, indem er sie zu beliebig anwendbaren Bauformen umfunktioniert. Er „lehrt" damit, daß die „Wahrheit" aus „osmotischen Gewächsen" besteht, aber nichtsdestoweniger „Wahrheit" ist, weil es keine andere gibt. Wahrheit als das zu gebrauchen, was sie ist, gehört zu dem großen Anliegen des *Faustus*, „Mythen" zu zerstören.

4
Mythos und Fiktion

4.1
Fausttradition und Romangeschehen

In der Spiesschen *Historia Von D. Johann Fausten* ist der Teufelspakt das Kernstück der Sage, die sich um den historischen Faust, der als Wahrsager und Heilkünstler von sich reden machte, gewoben hatte. Belehrend weiß der Verfasser zu melden: „D. Fausti Datum (stunde) dahin, das zu lieben, das nicht zu lieben war, ... name an sich Adlers Flügel, wollte alle Gründ am Himmel und Erden erforschen, dann sein Fürwitz, Freyheit und Leichtfertigkeit stache und reitzte ihn also“[42], daß er für ein gesteigertes irdisches Leben seine Seele verkauft. Im Volksbuch frevelt Faust gegen Gottes Ordnung, denn er überschreitet willentlich die gottgewollten Grenzen menschlichen Wissens und Könnens. Seine Vermessenheit, dem Gesetz des Schöpfers seinen eigenen Willen entgegenzustellen, ist superbia, die schlimmste der Sünden, weil mit ihr der Sünder zu Gottes Widersacher überwechselt. Faust verweigert Gott Furcht und sehnende Liebe und unterstellt sich dem „Fürsten dieser Welt“, der ihm in Mephostophiles einen seinen irdischen Wünschen willfährigen Diener schickt. Fausts Ungehorsam gegen Gott, der aus seinem Ungenügen an „den Gaben, so mir von oben herab bescheret“, resultiert, stört die Ordnung der Welt; denn diese beruht darauf, daß die Geschöpfe Platz und Rang so beibehalten, wie sie ihnen seit der Schöpfung zugewiesen sind. Fausts Hoffart, dazu sein „Säuwisch und Epicurisch leben“, kennzeichnen ihn als Warnbild, „allen hochtragenden, fürwitzigen und Gottlosen Menschen zum schrecklichen Beyspiel“ aufgerichtet. In Fausts „erschrecklichem Ende“ ereilt den Frevler die verdiente Strafe.

Mit dem Motiv der Grenzüberschreitung wurde die Faustsage zum Träger vieler Sinnzusammenhänge. Bei Goethe ist der aus sträflicher Lebens- und Neugier handelnde Faust zum Wahrheitssucher geworden. Ihn treibt Erkenntnishunger. Sein Ungenügen ist von den Grenzen rationalen Denkens provoziert, sein Drängen nach mehr Welterfahrung gerechtfertigt als das Gebot seiner Natur. Im Stofflichen besteht zwar noch die hierarchische Weltordnung, aber der Bedeutungszusammenhang gründet in der Idee einer Welt, deren Grundprinzip die Entwicklung ist. Nichts stört diese Welt mehr als genügsames Verharren im Gleichen. Der Geist der Ungenügsamkeit, der die alte Ordnung gefährdete, ist die Lebensquelle der neuen. Er stachelt den Menschen dazu an, seine von Natur in ihm angelegten Möglichkeiten und damit seine Persönlichkeit in rastloser Tätigkeit zu entwickeln. Schöpfung und Geschöpf sind aufeinander hin angelegt, so daß der Mensch mit seiner Selbstverwirklichung am Prozeß der Entwicklung der Welt zu ihrer prästabilierten Vollkommenheit teilhat. Fausts Rettung trägt diesem Tatbestand Rechnung. Im Licht seines unermüdlichen Vorwartsdrängens, das in Harmonie mit dem Welt- und auch dem Zeitgeist ist, verblassen seine Vergehen zu Bagatellen oder verklären sich zu Opfern, die er um des großen Ziels willen bringen muß.

Vom Volksbuch zu Goethe hat sich die Bedeutung der Fabel in ihr Gegenteil verkehrt. Th. Manns *Faustus* knüpft an das Volksbuch an. Dies bedeutet nicht, daß die Fausttradition eine Rückwendung vollzieht. Vielmehr tritt sie in eine neue Phase ihrer literarischen Verwendung, in der es nicht so sehr um Faust geht, sondern um die Fausttradition selbst und das Wesen bzw. Unwesen, das sie in den Köpfen getrieben hat und noch treibt. – Man kann versuchen, Faust in Leverkühn dingfest zu machen: Leverkühn frevelt, indem er um der Inspiration willen sein Leben verspielt; die Ansteckung ist seine Verschreibung, die künstlerische Produktivität die Befriedigung seiner irdischen Lust und der Wahnsinn seine Strafe. Aber dieses Verfahren erbringt nur mechanische Analogien, die keine Wahrheit unserer Zeit treffen. Daß Faust vom Teufel geholt wird und Leverkühn im letzten Stadium seiner Krankheit wahnsinnig wird, sind zwei völlig verschiedene Sachen. Man kann Leverkühns Paralyse als „symbolische Parallele" (342) zu Fausts Verdammnis verstehen, nicht jedoch als deren moderne Version. Hätte Th. Mann die Faustsage in die Sprache der Gegenwart übertragen und in die äußeren Gegebenheiten seiner Zeit umbetten wollen, um die mythische Überlieferung durch Psychologisierung zu verifizieren, dann hätte er seinen eigenen Plan durchkreuzt; denn er hat die gedankliche Unvereinbarkeit der beiden Vorgänge ausdrücklich hervorgehoben, und zwar vor allem in der markantesten Parallele zur Faustsage, im Teufelsgespräch. Gerade indem der Roman es so lanciert, daß Ereignisse in Leverkühns Leben als symbolische Parallelen zu Fausts Leben erscheinen, wird deutlich, daß hier zwei Vorstellungsbereiche miteinander verwoben sind, die nicht in gedanklicher Entsprechung zueinander stehen. (Will man unbedingt in Leverkühn einen modernen Faust sehen, so kann man ihn allenfalls als Beispiel einer Selbstvergewisserung verstehen, die in der Erkenntnis zeitgenössischer Sprachphilosophie gründet, „daß alles traditionelle Denken ... die absurdesten Beziehungen unterhalte zu dem, was wirklich ist."[43])

Leverkühn durchschaut natürliche Zusammenhänge, indem er Strukturen und Beziehungen zwischen den Erscheinungen herstellt, doch er sucht nicht nach letzten Erkenntnissen, die für ihn gar nicht existieren. Was er erkennt, ist das Mißverhältnis zwischen den Erscheinungen und den ihnen untergeschobenen und als wahr erachteten Bestimmungen. Sein Sinn für die in diesem Mißverhältnis liegende Komik ist so stark entwickelt, daß er die Dinge selbst kaum wahrnimmt, sondern nur ihre Komik. Das zeigt sich schon in seiner Kindheit, z. B. wenn er mit der sein Leben lang dafür charakteristisch bleibenden Gebärde „von Wissen und mokanter Eingeweihtheit" (33) zeigt, daß er die „Machart" des im Kanonsingen zustande kommenden „Klangkörpers" durchschaut, während die anderen sich nur an seiner „Stimmigkeit" freuen (32). Seine ihn von den anderen isolierende Mentalität drängt nach Ausdruck und Mitteilung ihrer selbst. Aber sein kritischer Impuls läßt den schöpferischen Impuls nicht frei, deshalb bedarf er einer Beschränkung. Leverkühn sucht Halt in einer Ordnung, und zwar in vollem Bewußtsein ihrer Beliebigkeit. Er leidet Qualen, die nur durch ihre Größe, nicht durch eine metaphysische Bedeutung die Bezeichnung „Höllenqualen" verdienen. Er nimmt sie als Begleiterscheinungen seiner unlauter gesteigerten Schaffenskraft in Kauf. Als die Krankheit seine Kreativität zum Erlöschen bringt, hört alles auf. Er schwindet hin in einen Zustand von Ruhe, auf den der Gedanke einer Rettung nicht anwendbar ist. – Leverkühn ist kein Faust. Durch teilweise Angleichung an die Faustüberlieferung prätendiert er eine Verbindlichkeit, die zwar absurd, aber im gewünschten Sinne wirksam ist. Kurz gesagt, im *Faustus* steckt das Faustische in einem Außenschema und wird von daher auf neue Weise wirksam.[44]

In der Spannweite zwischen Volksbuch-Faust und Leverkühn ist die Geschichte der Emanzipation des Geistes auf das Problem des einsamen Individuums beschränkt. Es ist ein psychologisches Phänomen, das in sich wandelnder Erscheinung die Emanzipation des Geistes von ihren Anfängen bis zu ihrem Ende begleitet, und es bildet den gemeinsamen Nenner der genannten Faustdichtungen. Im Volksbuch spiegelt sich die Problematik des Anfangs, in Goethes Faust die der Glanzzeit, und Leverkühn verkörpert die Problematik der Endzeit, in der ein heraufziehendes neues Zeitalter die Konzeption des Individuums verteidigungsbedürftig macht. Die Rede von der Größe und den unbegrenzten Möglichkeiten des Individuums ist verstummt, zur Debatte stehen seine Erschöpfung und Verlorenheit. Der Mensch scheint nicht dazu geschaffen zu sein, sich innerhalb der Gemeinschaft selbst zu bestimmen und seine Freiheit zum Wohl seiner selbst und der anderen zu gebrauchen. Leverkühn spricht von einer „Zeit der zerstörten Konventionen und der Auflösung aller objektiven Verbindlichkeiten, kurzum einer Freiheit, die anfängt, sich als Meltau auf das Talent zu legen und Züge der Sterilität zu zeigen" (190).

Im *Faustus* ist vorgeführt, wie sich die Idee des selbstverantwortlichen Individuums in allen Bereichen der bürgerlichen Kultur auflöst. Leverkühn fungiert als das fiktive Paradigma dafür. Er ist damit die Referenzfigur, mit deren Hilfe sich die Stadien, die der Auflösungsprozeß in den Realbereichen durchläuft, identifizieren lassen. Seine Biographie bildet das Gerüst des Romans. Ihm sind die konstitutiven Elemente der Fausttradition Ungenügen, Magie, Teufelspakt, Paktfrist und „schreckliches Ende" aufmontiert, weil erst durch die Gleichsetzung mit Faust die Leverkühnfigur so repräsentativ wird, wie es für ihre Funktion im Roman nötig ist. Über die Beziehung zur Fausttradition sind die einzelnen Erzählbereiche miteinander und mit Leverkühn verbunden und werden als verschiedene Erscheinungsformen des Gleichen durchsichtig.

4.2
Warum Faust?

In seinem die Werbung Kretzschmars „abwehrenden Bekenntnis“ (135) zählt Leverkühn diejenigen seiner Eigenschaften auf, die gegen die Wahl der Musik sprechen. Es fehle ihm die zum Künstlertum notwendige „robuste Naivität“; statt ihrer habe er „eine rasch gesättigte Intelligenz“, „Ermüdbarkeit und Neigung zum Ekel“ (133), einen unüberwindlichen Lachreiz, den er gerade bei den „geheimnisvoll-eindrucksvollsten Erscheinungen“ verspüre, einen übertriebenen Sinn für das Komische, der ihm alle Dinge als ihre eigene Parodie erscheinen lasse, und dazu ein „verzweifelt Herz“ (135). Seine Weltscheu und sein Mangel an Wärme machten ihn im besonderen für den Beruf des konzertierenden Künstlers ungeeignet. Kretzschmar pariert, indem er das alles für überindividuell und als Ausdruck eines kollektiven Gefühls für die historische Situation der Kunst erklärt. Damit ist der paradigmatische Charakter der Leverkühnfigur für den Bereich der Kunst festgestellt. Aber die Kunst ist nur ihr engerer Geltungsbereich. In der Hauptsache ist Leverkühn ein Paradigma „deutschen Wesens“ (GW, XI, 1132), und dazu wird er dank seiner Einpassung in das Faustklischee.[45]

Die Bereiche decken sich in dem hervorstechenden Zug Leverkühns, nämlich in seiner Musikalität. Musik und Musikalität sind in dem Sinne zu verstehen, den Th. Mann ihnen in *Deutschland und die Deutschen* gibt. „Musik“, sagt er dort, „ist dämonisches Gebiet ... berechnetste Ordnung und chaosträchtige Wider-Vernunft zugleich, ... die der Wirklichkeit fernste und zugleich die passionierteste der Künste, abstrakt und mystisch“. Abstrakt und mystisch sei auch das Verhältnis der Deutschen zur Welt, die Tiefe der deutschen Seele sei ihre Musikalität, und es sei das besondere Verdienst der Deutschen, dem Abendland seine bedeutendste Musik geschenkt zu haben. In anderer Sphäre jedoch bezahle sich die „Musikalität der Seele“ teuer – „in der politischen, der Sphäre des menschlichen Zusammenlebens“. Es sei ein Fehler der Sage, daß sie Faust nicht mit der Musik in Verbindung bringe,[46] denn, so lautet die den Musiker Faust rechtfertigende These: „Soll Faust der Repräsentant der deutschen Seele sein, so müßte er musikalisch sein“ (GW, XI, 1131 f.). Leverkühn ist als der *wahre* Repräsentant des Faustischen in der deutschen Seele konzipiert; seine Musikalität soll ein Manko der Faustgestalt ausgleichen. Aber was die Repräsentanz angeht, so steht die Leverkühnfigur hinter Faust zurück, weil sie eine nachgeschaffene Allegorie, Faust dagegen eine volkstümliche Symbolgestalt ist. Versehen mit den Etiketten Ungenügen, Teufelspakt und -lohn werden Leverkühns Angst vor Unfruchtbarkeit, die riskante Steigerung und der Verlust seiner Menschlichkeit repräsentativ für die geistige Situation am Ende der bürgerlichen Epoche. Um der Breitenwirkung seiner Repräsentanz willen, so kann man in diesem Zusammenhang sagen, ist Leverkühn nicht nur nach Faust modelliert. Auch seine anderen Identifikationsmodelle sind legendäre Figuren in dem Sinne, daß sie meist nicht viel mehr als den Namen mit den historischen Personen, nach denen sie benannt sind, gemein haben und prototypische Menschenbilder der Vergangenheit sind. Sie sind Träger traditioneller Züge, die das Ansehen von Zügen des deutschen Nationalcharakters gewonnen haben und Modelle für das nationale Selbstverständnis geworden sind. Es ist demnach folgerichtig, wenn Leverkühn sich nach dem Modell Faust seiner selbst vergewissert; psychologisch gesehen, benutzt Leverkühn Faust als Maske, die es ihm erlaubt, seiner Bewußtseinsproblematik Herr zu werden, ohne ihr ins Gesicht sehen zu müssen. In der Deutschland-Allegorie steht Leverkühns Rückgriff auf Faust für die Verbindung von „Hochmut des Intellektes mit seelischer Altertümlichkeit" und die damit verbundene Disposition für das Dämonische, denn wo sich diese divergente Zweiheit mit „Gebundenheit gattet, da ist der Teufel. Und der Teufel, Luthers Teufel, Faustens Teufel", wie es weiter in *Deutschland und die Deutschen* heißt, sei „eine sehr deutsche Figur" (GW, XI, 1131). In Leverkühns Rückgriff auf den Prototyp des Frevlers aus intellektuellem Hochmut werden diese Eigenschaften der „deutschen Seele" handlungsaktiv.[47]

Der Faustkomplex ist auf vielfache Weise in den Roman integriert. Einmal sind Motive der Fausttradition der Zeit und den Umständen der Handlung angepaßt und erscheinen als objektive Gegebenheiten des Geschehens; zum anderen kehren sie in Gestalt und Geist ihrer Epoche wieder, wenn sie von Leverkühn in der bewußten Gestaltung seiner Faustimitation eingeführt werden. Zwischen beiden besteht ein Wechselverhältnis. Vieles von dem, was von Faust überliefert ist, gilt auch für Leverkühn, z.B. die bäuerliche Herkunft, die Heimat Thüringen, der ihn zu Höherem bestimmende geschwinde Kopf, das Interesse an der Mathematik, Hochmut und Ungenügen; und die Welt Fausts ist lebendig in der altertümlichen „Unterteuftheit" Kaisersascherns, im Spekulieren des Vaters und in der durch Schleppfuß und Kumpf beschworenen Präsenz des Teufels. Leverkühns Leben paßt also im ganzen in die Schablone, nach der er es im einzelnen formt; umgekehrt erfordert die Faustimitation, daß er sein Leben von Faust her deutet. Diese beiden Vorgänge entsprechen den beiden Elementarformen des Motivs vom Alten im Neuen: Leverkühns Leben erscheint faustisch, weil Altes darin lebendig ist; und die Wahl von Faust als Identifikationsmodell ist die Wiederbelebung von etwas Veraltetem als Ersatz für die verlorene Verbindlichkeit, ohne die Schöpfertum nicht gedeiht, also ein Rückgriff.

Hier liegt die Vermutung nahe, daß ein kausaler Zusammenhang besteht und Leverkühn Faust imitiert, weil er sich aufgrund seiner Umstände als Reinkarnation Fausts versteht. Leverkühn läßt nichts dergleichen verlauten. Andere Identifikationsmodelle liefern Vorprägungen für die Gestaltung sowohl seines äußeren Lebens durch den Autor als auch seiner subjektiven Selbstvergewisserung, und sie sind nach dem jeweiligen Bedarf kombiniert.[48] Vorprägung ist im *Faustus* nicht gleichbedeutend mit Vorbestimmtheit. Die parodistische Manier, in der Leverkühn zunächst auf Faust Bezug nimmt, macht dies deutlich. Vorbestimmtheit ist ein Gedanke, den der Teufel ins Spiel bringt, und das entspricht seiner Aufgabe, als „böses Gewissen" Leverkühns dessen „gutes Gewissen" anzufechten und ihn unter Ausnutzung seiner Schwäche für Ordnungsbeziehungen zum Aufgeben seiner Gewissensfreiheit bzw. zum „sacrificium intellectus" zu verführen.

Die Fausttradition ist auf noch eine Art in das Romangeschehen inkorporiert, die hier nur angedeutet werden kann, weil ihr Nachweis ausgedehnter Belege bedarf, die als Abschweifung in die Motivtechnik des Romans den Zusammenhang dieses Kapitels stören würden. – Zusammen mit den anderen präformierten Motiven konstituieren die Faustmotive über das Leverkühn-Geschehen hinaus auch die übrigen Teile des Romans. Sie tauchen in allen möglichen Variationen und Konstellationen auf und sind am ehesten durch den leitmotivischen Gebrauch einzelner Wörter zu erkennen. Z. B. kehrt das Motiv der Verführung zu triebhafter Liebe, das Gretchenmotiv, das bei Leverkühn in das Bordellerlebnis eingegangen ist, wieder in Leverkühns Verhältnis zu Schwerdtfeger, außerhalb der Leverkühn-Handlung in der Verführung Schwerdtfegers durch Ines, in Clarissas Fehltritt mit dem Pforzheimer Rechtsanwalt, in der selbstvergessenen Verfallenheit der Richterstochter an den Chauffeur ihres Vaters und in Zeitbloms vorehelicher Beziehung zu der Küferstochter.

4.3 Faustnachfolge

Leverkühns Faustnachfolge beginnt als Parodie. Sie ist den Ereignissen zunächst lächerlich inadäquat. Es ist komisch, bei einem Wechsel des Studienfachs von Abtrünnigkeit zu reden oder die Führung in ein Bordell als Teufelswerk zu dramatisieren. Der Abstand zwischen ihm und Faust ist so eklatant, daß die Imitation wie ihre eigene Parodie wirkt. Das nähert Faust jedoch in zweifacher Weise an Leverkühn an, denn nach der Kunsttheorie des Romans ist die Parodie der einzig noch legitime Umgang mit Hergebrachtem, und da sie die Form ihrem ursprünglichen Inhalt entfremdet, wird diese offen für neuen Inhalt.

Das Theologiestudium ließ Leverkühn noch die Wahl zwischen den Modellen Luther und Faust. Es legte das Bild Luthers sogar näher, den Leverkühn denn auch zitiert, als er von seinem Theologiestudium spricht: „Ich tat, was Frühere taten, wenn sie ans Tor pochten eines Klosters von strenger Observanz." (131) Im Briefwechsel mit seinem Lehrer Wendell Kretzschmar, in dem der Studienwechsel erörtert wird, fängt Leverkühn an, sich nach Faust zu stilisieren. Sein Interesse und seine Begabung für die Musik sind beschrieben, als handle es sich um Fausts Magie. Die Musik sei, so heißt es zuerst im Vergleichston, „eine magische Verbindung aus Theologie und ... Mathematik" und habe „viel von dem Laborieren ... der Alchimisten und Schwarzkünstler von ehemals" (132). Der Vergleich ist zur Gleichheit gesteigert, als er seine Entscheidung für die Musik ausspricht, „die Versprechung und Verlobung mit ihr, das hermetische Laboratorium, die Goldküche, die Komposition ... Ich werde die prima materia veredeln, indem ich ihr das magesterium beisetze und mit Geist und

Feuer den Stoff durch viele Engen und Retorten zur Läuterung treibe" (133).

Kretzschmars Brief endet mit dem Angelus-Silesius-Zitat: „Die Jungfrauschaft ist wert, doch muß sie Mutter werden, / Sonst ist sie wie ein Plan von unbefruchter Erden." (136) Nachdem Zeitblom es gelesen hat, begegnet er Leverkühns verschmitztem Lächeln. „Verschmitzt" ist ein Leitmotiv des Dämonischen und zeigt hier an, daß Leverkühn sich jetzt in dessen Bannkreis befindet. Verstreute Partikeln des Paktmotivs leiten den Teufelspakt ein. Mit der Selbstbezeichnung „ich Verworfener" und Ausdrücken wie „verdammterweise" und „verfluchten" gleicht sich Leverkühn dem Teufelsbündler an. Seine Bedenken bringt er mit der Warnung „O homo fuge" (133) zum Ausdruck. Paktmotive wie Kälte, Blut und Hund sind erwähnt. Von der Entscheidung ist im Bilde des Eheversprechens die Rede; unter der Vorstellung von der chymischen Hochzeit[49] ist sie dem Teufelspakt angenähert. Kretzschmar ist der „Werber", der für die Musik um Leverkühn wirbt. Leverkühn schreibt davon, „sich ganz der Musik in die Arme zu werfen", und von seiner „Liebeserklärung an die Musik" (131, 132). Der Ausdruck „Abtrünnigkeit" (132) für die Vermählung mit der Musik paßt in die Vorstellung mönchischen Zölibats. Der Studienwechsel ist das Ende der „Ziererei" (135). In Paraphrase des Angelus Silesius-Zitats heißt das: Die Zeit ist gekommen, da Leverkühn wählen muß zwischen bindungsloser, unfruchtbarer Jungfernschaft und mütterlicher Fruchtbarkeit, deren Voraussetzung Verunreinigung im Geschlechtsakt und Bindung sind. Will Leverkühn die prima materia veredeln, so muß er sich selbst „das magisterium beisetze(n)". Die Krankheit bewirkt dann die „tödlich entfesselnde chymische Veränderung seiner Natur" (154f.)[50]. Daß die Sphäre des Geschlechtlichen dem Dämonischen offen ist, weiß man von Schleppfuß, der sie den „Vorzugstummelplatz der Dämonen, den gegebenen Ansatzpunkt für Gottes Gegenspieler" (105) nannte. In Weiterführung und Verfremdung des Bildes bedeutet die Vereinigung mit Esmeralda das Ende des „theologischen Jungfernstands" (136) und die Besiegelung der Bindung an die Musik.

Als Entgelt für Zeitbloms „hochkomische Zeitung" von dem brüllenden Rottenführer, den er „artem metrificandi" (143) lehrte, schreibt Leverkühn von seinem Bordellerlebnis, von „einer recht schimpflichen Facetie und Büffelposse" (139), und von dem, was zwischen ihm „und dem Satan vorgeht" (141). Er schildert es in altertümlicher Sprache und in Form einer Anekdote, die er mit einem Rechenschaftsbericht über den Fortgang seiner musikalischen Studien umrahmt, und endet den Brief mit einem verklausulierten Bekenntnis seines neuen, ihm gemäßen Verhältnisses zur Welt. – Leverkühn führt den Beweis, daß die mit seiner Ankunft in Leipzig beginnende Verführung ein von langer Hand vorbereiteter teuflischer Anschlag sei. Leipzig ist eingeteufelt zu Ninive mit „Siebenhunderttausend-Mann-Frechheit und Ruchlosigkeit des Maulwerks"; die Leute reden „überaus teuflisch gemein" (140). Unversehens ist in Gestalt eines Dienstmanns der proteische Teufel da. Er verwandelt sich in einen Fremdenführer und dann in einen Zuhälter und wird Schleppfuß immer ähnlicher. Mit seiner Mütze, die rot ist wie die Laterne vor dem Bordell, und ihrem Messingschild, das blitzt wie dort das Messinggeländer, beherrschen die luziferischen Farben rot und gold das Bild. Die Besichtigung „einschlägiger" Sehenswürdigkeiten wie Auerbachs Hof (sic!) endet im Messegewimmel der Altstadt, wo einst Faust als Zauberkünstler auftrat. Statt in ein Gasthaus wird Leverkühn in ein Bordell geführt, wo ihn die „geputzte Madam" „fast züchtiger berden" „wie einen Langerwarteten" empfängt. Er nennt die Dirnen „Morphos, Glasflüger, Esmeralden" (142) und stellt damit eine Beziehung zu Jonathans Insekten her, die teuflischen Einfluß schon für seine Jugend bezeugt. Er flieht zu einem Klavier und schlägt Akkorde an, darunter den sogenannten diabolus in musica, von denen der Teufel ihm später erklärt, daß sie nicht Abwehr, sondern Beschwörung waren (vgl. Sammael, 228). Eine Dirne, „eine Bräunliche, in spanischem Jäckchen, mit großem Mund, Stumpfnase und Mandelaugen", berührt mit dem Arm seine Wange, und dies ist wie eine Zeichnung fürs Leben.

Zeitblom erklärt die altertümliche Ausdrucksweise als eine Parodie auf das „sprachliche Gebaren Ehrenfried Kumpfs" (139). Daran knüpft sie zwar formaliter an, aber sie bezieht sich nicht auf die Lutherparodie Kumpfs, sondern auf Faust. Die Parodie ist hier eine Form von Leverkühns Selbstironie. Er spielt seine Faustimitation, und der abrupte Wechsel im Sprachgebrauch nach Abschluß der „Anekdote" oder auch humorvolle Zwischenbemerkungen, wie das „Mich sehen sie an, nicht dich" (143), beweisen, daß er das Spiel souverän beherrscht. Die Einkleidung des Bekenntnisses in die Form der Parodie ist seine Methode der Selbstvergewisserung. In Zeitbloms Umschreibung handelt es sich um „Persönlichkeitsausdruck und Selbststilisierung, Kundgebung eigener innerer Form und Neigung, die auf eine höchst kennzeichnende Weise das Parodische verwendet, sich dahinter verbirgt und erfüllt" (139).

Mit Leverkühns „Anekdote" ist der Gedanke veranschaulicht, daß Kunst noch möglich ist, wenn Ausdrucksverlangen und Kritik einander die Waage halten. Sie ist das Anschauungsbeispiel für das „nie entspannte und spannend halsbrecherische Spielen der Kunst am Rande der Unmöglichkeit" (218) innerhalb des Werkes, das Th. Manns Meisterstück in dieser Kunst ist. Der *Faustus* ist das Produkt eines Geistes, der mit höchster Könnerschaft zwischen Ernst und sich ins schier Unendliche potenzierender Ironie hin- und herspielt, nicht ohne zu schwanken, aber ohne je die empfindliche Balance auf dem schmalen Grat, auf dem allein das zeitgemäß wahrhafte Werk möglich ist, zu verlieren. Leverkühn hält diese Balance nur während der kurzen Zeit am Umschlagpunkt seiner von steriler Kritik zu euphorischem Schaffen verlaufenden künstlerischen Entwicklung. Nur am Anfang seiner Faustimitation ist der „fast unschlichtbare Konflikt zwischen der Hemmung und dem produktiven Antrieb mitgeborenen Genies" bei ihm geschlichtet. Mit dem Bordellerlebnis ist vorzüglich Nietzsche zitiert, und dadurch wird Leverkühn repräsentativ für den Typ des kranken Genies, der unter den deutschen Denkern und Dichtern in beachtlicher Anzahl vertreten ist. Seine fortschreitende Krankheit steigert den „hervorbringenden Impuls" und mindert „die Hemmungen des Spottes" (152). Sein letztes Werk, „Dr. Fausti Weheklag", ist ungebändigt ernstes Pathos ohne jede Ironie, und in der Abschiedsrede legt er das Geständnis, er sei mit dem Satan verheiratet, „in bleichem Ernst" (497) ab.

Die Berührung Esmeraldas ist die Berührung des Genius mit dem Vulgus. Sie weist Leverkühns Dämon – im Goetheschen Sinne – auf den für ihn „rechten", wenn auch schlimmen Weg, die Hilfe des Dämonischen – im Sinne von Th. Mann – in Anspruch zu nehmen. Ungefähr ein Jahr später macht Leverkühn Esmeralda in Preßburg ausfindig. Sie warnt ihn vor ihrem Körper, aber das „tief geheimste Verlangen nach dämonischer Empfängnis ... wirkte dahin, daß der Gewarnte die Warnung verschmähte und auf dem Besitz dieses Fleisches bestand". Nach diesem Besuch, bei dem er sich die Syphilis holt, hält Leverkühn keine weitere Verbindung mit Esmeralda, deren richtigen Namen man nie erfährt. Aber sie existiert in seinem Leben weiter. „Es war dafür gesorgt, daß er sie nicht vergaß". Ihr Name „geistert runenhaft" (154f.) als die motivische Grundfigur h e a e es : Hetaera esmeralda durch sein Werk.

Leipzig, Goethes Klein-Paris, ist auch der Ort, wo man „den Puls der Welt ... im eigenen Leibe schlagen" (142) fühlt. Hier etabliert Leverkühn sein Verhältnis zur Welt. Ihr Symbol ist in der Leverkühn-Geschichte Ninive, die „mörderische Stadt ... voll Lügen ... Räuberei" und „Hurerei" (Nahum, III). Leverkühns in der Natur seiner hohen Intellektualität begründete Isolation und der Zwang, alles als seine eigene Parodie wahrzunehmen, verschließen ihm die Möglichkeit eines im Miteinander produktiven Lebens. Er kommt zu der Überzeugung, daß er einsam bleiben und asketisch leben muß, um das In-der-Welt-Sein im rein Geistigen realisieren zu können, und daß er durch geniale Leistung die Welt als „unbedingte Dienerin seiner Existenz" (390) gewinnen kann. Er beschließt den Brief mit einer begeisterten Beschreibung Chopins: „Ich liebe das Engelhafte ... das eigentümlich und sehr geheimnisvoll Verschleierte, Unzulassende, Sichentziehende, Abenteuerlose seines Daseins, das Nichts-wissen-Wollen, das Ablehnen stofflicher Erfahrung, ... sein ironisches Verhältnis zur Tonalität, das Vexatorische, Vorenthaltende, Verleugnende, Schwebende, die Verspottung des Vorzeichens" (143f.). In dieser Liebeserklärung entsteht Leverkühns Wunschbild von seiner Beziehung zur Welt, das erst viel später „in sehr vagen Umrissen die Gestalt" (381) der Frau von Tolna annimmt, „welche dem Einsiedler von Pfeiffering ... die Welt repräsentierte, – die Welt, wie er sie liebte, brauchte, ertrug, die Welt im Abstand, die aus intelligenter Schonung sich fernhaltende Welt" (390f.). In ihr lebt Esmeralda fort, die, wie Zeitblom glaubt, das Heil in der Umarmung mit Leverkühn fand, und von der er annimmt, „daß sie alle Süßigkeit ihres Weibtums aufbot, um ihn zu entschädigen für das, was er für sie wagte" (155). Wie Gretchen für Faust, so ist Esmeralda für Leverkühn entindividualisiert und vergeistigt zur Lebensmacht des „Ewig-Weiblichen“ (389), wenn auch mit anderem Vorzeichen. Es handelt sich bei Esmeralda und Frau von Tolna nicht um eine personale Identität, sondern um die seiner späteren Entwicklungsstufe gemäße Neufassung der Motive, die sein Verhältnis zur Welt konstituieren.[51] Als einflußreiche Mäzenin und beste Kennerin seines Werkes fördert Frau von Tolna seine Kunst und ist ihm Mutter, „Schutzgöttin“, „Egeria“ (Nymphe und zugleich Bezeichnung der Schmetterlingsgattung, zu der Hetaera esmeralda gehört) und „geisterhafte Geliebte“ in einem. Diese „ungarische Aristokratin“ ist seine „sich im Verborgenen haltende Energie und Liebe“, seine „sorgende Freundin und Ratgeberin“, die „unbedingte Dienerin seiner Existenz“, seine „Welt-Freundin“ und die „mondäne Verehrerin seiner Einsamkeit“ (390–395). Er steckt den Ring, den sie ihm mit ihrem ersten Brief als Huldigungsgeschenk überreicht, beim Komponieren an den Finger zum Zeichen seiner Verlobung mit der Welt, der jedoch „striktes Verharren im rein Geistigen beschieden“ (393) ist.[52]

„Die Handlungen der Handelnden geschehen an den vorher disponierten Leidenden“ (234), so begegnet der Teufel mit der Autorität des Aristoteles' Leverkühns Versuch zu leugnen, daß er seinen Besuch gewollt hat. Es ist alles für sein Erscheinen vorbereitet. Der mittelalterliche Künstlersaal in Palestrina steht als Enklave im „heidnisch-katholischen“ Italien des 20. Jahrhunderts. Nach Tagen des Unwohlseins „kam Besserung unverhofft und plötzlich“, „war meiner auf einmal so sicher“. Leverkühn sitzt allein hinter vermachten Läden und liest Kierkegaard über Mozarts Don Juan. Damit befindet sich die dämonische Erscheinung des steinernen Gastes mehrfach reflektiert in seiner Vorstellung. Die Erwähnung Kierkegaards spielt auf dessen Definition der Musik als dämonisches Gebiet an (vgl. GW, XI, 1131) und weist zurück auf die Gespräche der Winfried-Brüder, in denen Kierkegaard dafür belobigt wird, daß er die „Religiosität … die Naturhaftigkeit und das Dämonische des Daseins“ (120) wieder bewußt gemacht habe.[53] Das „Weistu was, so schweig“ (223) des Volksbuchs, mit dem die Niederschrift des Teufelsgesprächs beginnt, schafft die Atmosphäre, innerhalb derer ein leibhaftiger und disputationswilliger Teufel vorstellbar ist.[54]

Der Teufel erscheint, um Leverkühn zu überzeugen, daß der Pakt bereits geschlossen ist: „Wir sind im Vertrag und im Geschäft, – mit deinem Blut hast du's bezeugt und dich gegen uns versprochen und bist auf uns getauft – dieser mein Besuch gilt nur der Konfirmation." (249) Die Ansteckung wird nur dann als Teufelspakt wirksam, wenn Leverkühn sie in diesem Sinne versteht. Im Teufelsgespräch baut er sein Selbstverständnis als Teufelsbündler auf, indem er den Teufel die Gründe entwickeln läßt, die einen Teufelspakt in der gegebenen Lage zwingend notwendig und richtig erscheinen lassen.

Das Interesse am Anschauen und Entdecken von „Ordnungsbeziehungen" (48) hatte Leverkühn von der Mathematik zur Musik, seinen „magischen Unterhaltungen" (76), geführt. Der Teufelspakt stiftet Ordnungsbeziehungen in seinem Leben. Im Hinblick auf den Pakt ordnet es sich zu einem Muster, das die Anwesenheit des Teufels in vielerlei Gestalt bezeugt: beim Spekulieren des Vaters, im magischen Quadrat und in Hetaera esmeralda, in Dürers Melancholie, in Schleppfuß, bei Kumpf, im Fremdenführer, in den Dirnen und der Madam, im Freischützakkord und in den Ärzten, im Studium einer negativen, einzig durch die Existenz des Teufels noch gerechtfertigten Theologie und im Überwechseln zu dem dämonischen Gebiet der Musik. – Leverkühns Disposition zum Teufelspakt ist mit seiner nationalen Repräsentanz gegeben. Der Teufel umreißt seine Persönlichkeit mit den Stichworten, die der Roman für die Kennzeichnung des Deutschen bereithält, z.B. Wehmut/Melancholie, Sehnsucht nach der Sonne Italiens, mit altertümlichem Empfinden gepaarte Intellektualität, Religiosität, Illusion des Alleinseins, Verlangen nach Selbstverwirklichung durch rauschhafte Steigerung im Geistigen. Man verständigt sich am besten in altdeutscher Sprache. Den Einwand, daß er im klassischen Italien fehl am Platze sei, wischt der Teufel beiseite mit der Aufforderung, Leverkühn möge sich doch eingestehen, daß seine Welt nicht außen, sondern innen sei: „Wenn du den Mut hättest, dir zu sagen: ‚Wo ich bin, da ist Kaisersaschern', gelt, so stimmte die Sache auf einmal" (227).

Die Sache stimmt auch, was Leverkühns Zukunft als Künstler betrifft. Der Teufel diagnostiziert den totalen Erschöpfungszustand der Kunst am Ende einer irreversiblen geschichtlichen Entwicklung. Seine Kritik an der traditionellen Kunstübung ist aber nicht etwa darauf aus, daß sein Adept ein Werk schaffe, das dem Wahrheitsanspruch der Zeit Genüge tut. Er ist „gegen die Werke im großen ganzen " (241), doch wenn ihm „in aller Welt etwas konträr ist, so ist es die zersetzende Kritik" (238). (Man beachte die ominöse Vokabel „zersetzend"!) Seine Kritik zielt darauf, die Kriterien von Wahrheit und Echtheit in Frage zu stellen und an der Überholtheit der traditionellen Kunst deren Relativität zu demonstrieren: „Deine Neigung, ... der sogenannten Wahrheit nachzufragen, .. ist wahrhaft spießbürgerlich und überwindenswert. ... Ist Wahrheit nicht Erlebnis und Gefühl? Was dich erhöht, was dein Gefühl von Kraft und Macht und Herrschaft vermehrt, zum Teufel, das ist die Wahrheit, – und wäre es unterm tugendlichen Winkel gesehen zehnmal eine Lüge." (243) Der Teufel soll die Kritik als Mittel der Wahrheitsfindung in Mißkredit bringen und Leverkühn davon überzeugen, daß er sich von „lahmer Besonnenheit, tötender Verstandeskontrolle" (238) befreien muß, weil sie den schöpferischen Prozeß hemmen, probates Mittel dazu: die Intoxikation. Im Gefühl des Rausches, des Triumphs und der gesteigerten Macht wird Leverkühn schöpferisch sein. Doch nach dem Hochgefühl allein verlangt es ihn nicht. So fügt der Teufel hinzu: „Wir stehen dir für die Lebenswirksamkeit dessen, was du mit unserer Hilfe vollbringen wirst." (244)

Leverkühn war aus der Sphäre „parodistischer Künstlichkeit" (210) nach Italien aufgebrochen, um einen Ort zu finden, wo er „ungestört" mit seinem „Schicksal Zwiesprache halten könnte" (211). Das Teufelsgespräch markiert den Punkt in Leverkühns Faustimitation, wo aus der Parodie eine „Unwahrheit von kraftsteigernder Beschaffenheit" (243) zu werden beginnt.

Nach seiner Rückkehr aus Italien wählt Leverkühn Hof Schweigestill zum Aufenthaltsort. Auf den Zusammenhang dieser Wahl mit dem Pakt deutet das Motto der Teufelsszene „Weistu was, so schweig"[55]. Der Mietvertrag mit Frau Schweigestill gleicht einem unlösbaren Pakt. Sie vergewissert sich, daß Leverkühn kein Mietsverhältnis wolle, das „kündbar nach kurzem Versuch" sei. Leverkühn versichert, er „komme für die Dauer... und überlegt sei die Sache seit Jahr und Tag" (255).[56] Er wählt Schweigestill, um sein Leben in imitatio Fausti einzurichten, denn es ist Buchel, „in eine andere, aber nicht ferne Tonart transponiert" (205). Er lebt asketisch, wertet nach ästhetischen Kategorien, die Zeit ordnet sich ihm nach dem Rhythmus seines Komponierens, und seine Uhr ist nach der Frist gestellt, die ihm laut Pakt gegeben ist.

Es ist klar, daß Leverkühn nicht Fausts Leben kopiert. Die Übereinstimmungen liegen im Motivischen. Sie geben seiner weltlosen Verinnerlichung ein trügerisches Personalbewußtsein. Als Studierzimmer sucht er sich die Abtsstube (– „im Charakter eher von 1600 als von 1700" – [208]) aus, die in Einzelheiten Zitat von Dürers Hieronymus im Gehäus ist. Die Fausttradition vergegenwärtigen Namen wie Pfeiffering, Waltpurgis, Schweigestill und Kaschperl – eines der „Necknämchen" (226) für den Teufel. – Er simuliert Fausts Fahrt in die Hölle und zu den Gestirnen mit den Phantasiefahrten in die Meerestiefe mit Capercailzie (deutsch „Auerhahn", einer von Fausts dienstbaren Geistern im Volksbuch). Er hält Kontakt mit dem städtischen Kulturleben, besucht Opern und Konzerte und nimmt an Geselligkeiten teil, doch immer bringt ihn der „Elf-Uhr-Zug zur nächtlichen Heimkehr" (258). Auch Reisen unternimmt er, z.B. nach Ungarn und in die Schweiz, und macht Ausflüge, z.B. nach Schloß Linderhof. Doch die Außenwelt ist für ihn nur insoweit da, als sie seiner Existenz dient. Ein Künstlerleben im Kontakt mit der Welt, wie es ihm Saul Fitelberg[57] schmackhaft zu machen versucht, lehnt er ab.

Leverkühns Selbststilisierung wandelt sich, vom Teufelsgespräch über den Bericht von der Fahrt in die Tiefsee und ins Weltall bis hin zu dem Gespräch mit Schwerdtfeger und schließlich der Abschiedsrede, zur subjektiven Wahrheit. Die ironische Distanz, die das Harmlos-Spielerische seiner Faustnachfolge gewährleistet, verringert sich im gleichen Maße, wie sich die Raffinesse seines musikalischen Kalküls steigert. Beim Komponieren der „Frühlingsfeyer", die er „unter den Drohungen jenes auf seinem Schein bestehenden Besuchers" (266) – der Teufelserscheinung – schafft, ist von Selbstironie kaum noch etwas zu erkennen. Er berichtet von seinen Phantasiefahrten in die Meerestiefe und ins Weltall konsequent „im Stil eigener Anschauung und persönlichen Dabeigewesenseins" (267). Die Komposition der „Frühlingsfeyer" gibt ihm die Lizenz, bei den Vorarbeiten der vom Vater überkommenen Neigung, „‚die elementa zu spekulieren'" (266), d.h. die Natur tiefsinnig zu deuten, bedenkenlos nachzuhängen. Dabei verschiebt sich sein intellektueller Hochmut um eine Nuance in Richtung auf den „personalistischen Einsamkeitshochmut", den Fitelberg später an ihm wahrnimmt. Aus seiner Egozentrizität, die ursprünglich mit der notwendigen Konzentration des Schaffenden auf sein Werk gerechtfertigt war, wird krankhafter Narzißmus. Er weiß von sich und seinem Schicksal „als etwas einzigem“ (404), neben dem das Leben anderer klein und belanglos ist wie auf alten Bildern die Menschen neben dem Heiligen.

Nach dem fingierten Ausflug in die große Welt des „Maßlos-Außermenschlichen“ (275) wendet sich Leverkühn der kleinen Welt des Mitmenschlichen mit einer neuen Einstellung zu. Er erfaßt seine Mitmenschen nur noch als Puppen, dazu bestimmt, das dramatische Schicksal in Szene zu setzen, hinter dem er sein ereignisloses, sich im rein Geistigen verwirklichendes Dasein verbirgt. Es scheint Zeitblom, daß der Geist Johann Conrad Beißels,[58] „des Erfinders der ‚Herren- und Dienertöne‘“, „gespenstisch“ (376) in seinem Werk umgehe. In Leverkühns Leben kommt er in der Werbung um Marie Godeau zum Ausdruck. Zeitblom wundert sich über das Selbstbewußtsein, mit dem Leverkühn von seinen Heiratsabsichten spricht, als hinge alles nur von seinem Willen und nichts von der Zustimmung des Mädchens ab.

Indem Leverkühn Schwerdtfeger zu seinem Brautwerber macht, inszeniert er das literarische Motiv der verräterischen Liebeswerbung auf der Bühne des Lebens. Er verwendet das Werbungsmotiv, wie es in *Viel Lärm um nichts, Was ihr wollt* und *Die beiden Veroneser* vorkommt. Das Scheitern der Werbung ist also eingeplant. Beim Zustandekommen der Liaison zwischen Ines und Schwerdtfeger hat Leverkühn die Hand nicht direkt im Spiel. Aber er, der sonst keinerlei Interesse an gesellschaftlichen Vorkommnissen hat, sieht ihren Werdegang wie ein Schattenspiel seiner eigenen Affäre mit Schwerdtfeger vor sich ablaufen, so daß er darin die auf ein gewaltsames Ende hin gestellten Weichen erkennen kann. Ines soll die Rache, die er im Geistigen an Schwerdtfeger nimmt, stellvertretend für ihn in die Tat umsetzen. Als die Zeit reif ist, schaltet er sich in das Geschehen ein und arrangiert ein Dreiecksverhältnis, in dem die Rolle des Betrogenen doppelt besetzt ist: Marie Godeau – Schwerdtfeger – Ines/Leverkühn. Was Leverkühn will, ist „des Freundes Verderben, durch das er zugleich von der Geliebten ‚befreit‘ wird, die er doch nicht heiraten darf“. Er will „Rache für seine eigene Niederlage vor dem Blauäugigen"[59], die er darin sieht, daß Schwerdtfeger ihn mit seiner Zutraulichkeit verführt und zum Du mit der Welt, zum virtuosen Werk für die Provinz, zum öffentlichen Auftreten und zu homosexuellem Verkehr aus seiner Welt des reinen Geistes herabgezogen hat. Und er will auch den Zeugen der Niederlage beseitigen, zumal dieser seinen Bekenntnisbrief nicht vernichtet, sondern „teils gewiß als Trophäe" (415) aufbewahrt hat.

Der melodramatische Vorgang ist durchaus Allegorie. Mit der Inszenierung der verräterischen Liebeswerbung geht die Kunst ins Leben. Die Umsetzung eines literarischen Klischees hat einen Mord zur Folge. Damit ist die These, daß Barbarismus die Verabsolutierung des Ästhetischen sei, drastisch veranschaulicht. Die Episode erhält ihr Gewicht im Zusammenhang mit Leverkühns Theorie von der „Erlösungsbedürftigkeit der Kunst". Ihr liegt der Gedanke zugrunde, daß Kunst und Leben einander verfehlen. Leverkühn tut vermeintlich den ersten Schritt zu ihrer Aussöhnung, als er um einer Inspiration willen, die eine „lebenswirksame" Kunst zu garantieren verspricht, sich selbst zum Opfer bringt. In dem Gespräch über ihre „Erlösungsbedürftigkeit" redet Leverkühn einer Kunst das Wort, die sich der Gemeinschaft verpflichtet wisse und „mit der Menschheit auf du und du" stehe. Zeitblom empfindet das Falsche daran und nennt es beim Namen: „eine Verleugnung des Hochmuts... von äußersten Hochmuts wegen" (323). Es verheißt nichts Gutes, wenn der Teufelsbündler, der seine Menschlichkeit verschachert hat, sich anschickt, die Kluft zwischen Kunst und Leben zu überbrücken. Die Folge kann nur eine absurde Verkehrung ihres Verhältnisses sein und eine Kunst, die das Signum des Zerstörers trägt.

Die Idee, einen Brautwerber zu Marie zu schicken, sagt Leverkühn, sei ein „Einfall, wie er einem beim Komponieren kommt". Er sei zwar nicht neu – „Was ist den Noten nach ganz und gar neu!" – aber „an dieser Stelle" sei „das Dagewesene doch neu, lebensneu sozusagen, originell und einmalig" (437). In einer Komposition, deren Material Menschen sind, ersieht er den Freund zum Opfer aus in einer Weise, die Breisachers blutrünstige Opferideologie zu realisieren scheint. Ihr Sinn erhellt sich aus Schleppfuß' Geschichte von Heinz Klöpfgeißel, dessen Männlichkeit durch die Verbrennung seiner Bärbel wieder hergestellt wird. Der Komponist spielt hier den „werkmeisterlichen Zwischengott, den Demiurgos" (19), der aus dem gott- oder naturgegebenen Leben Gestalten formt, die nach seinem Sinne bedeutungsvoll sind. Indem Leverkühn mit den Mitteln der Kunst Wirklichkeit schafft, wird er auf eine todbringende Weise schöpferisch. Mit der Übersetzung der Faustmotive von Ehewunsch und Schuld am Tod des Geliebten ins Leben nimmt der ins Niemandsland des „rein Geistigen" Verbannte Rache am Leben, das für seinesgleichen keinen Raum hat.[60]

Im Juni 1928 kommt Nepomuk Schneidewein, Leverkühns fünfjähriger Neffe, nach Pfeiffering, um sich in der oberbayerischen Landluft von schweren Masern zu erholen. Er nennt sich selbst Echo und ist mit seinem Silberstimmchen, den azurblauen Augen und dem graziös-drolligen Auftreten sofort der Liebling aller. Auch Leverkühn ist von ihm angezogen. Mit Echo ist etwas in sein Leben getreten, was die Fiktion, nach der er lebt, zu sprengen droht, denn die Notwendigkeit fällt fort, seine Liebesunfähigkeit durch ein Liebesverbot zu begründen. Er erfährt, daß er lieben kann, wenn es auch nur darum ist, daß er sich selbst in Echo sieht.[61]

Das Echo-Erlebnis ist eine Steigerung des Schwerdtfeger-Erlebnisses: Beide sind zutraulich, gewinnen die Menschen mit Leichtigkeit für sich, sind von Leverkühns schwermütiger Scheu angezogen und beanspruchen ihn mit Selbstverständlichkeit. Da Leverkühns Hochmut nicht Hochgesinntheit ist, sondern Kompensation seiner Hemmung, hinter der sich die Angst vor Zurückweisung verbirgt, schmilzt er vor der besonderen Mühe, die sich das von allen geliebte Kind gerade um ihn macht, dahin. Es gehört zu der Rolle der Zutraulichen in Leverkühns Leben, daß sie ihn zur Liebe verführen und damit erniedrigen. Wie Schwerdtfeger ist Echo für Leverkühn der Geliebte, den er mit andern teilen muß, und zugleich der Rivale, denn es drängt alle, ihm zu dienen. Leverkühn neutralisiert diese Erniedrigung, indem er Echo zu einem überirdischen Wesen idealisiert. Es ist angedeutet, daß er sich mit ihm im Bilde der mythischen Gleichzeitigkeit von Christuskind und Schmerzensmann identifiziert (466). Echos seltsame Sprechweise, in der sich – mit „kindlichen Fehllauten" (460) untermischt und von der kapriziösen Art des Kindes getönt – die „bedächtig-würdige, mit stehengeblieben-altdeutschen Ausdrücken von eigentümlich feierlichem Klange durchsetzte schweizerische Redeweise“ (185) der Eltern spiegelt, kommentiert er „mit einer gewissen benommenen Anerkennung“ mit „Ja, der ist weither“ (468)[62]. Zeitblom ist gegenüber der wundersamen Erscheinung des „Knäbleins“ (464) unsicher. Besorgt beobachtet er, daß Leverkühn „die Dinge nahm, wie sie sich gaben, augenscheinlich ohne Gedanken an ihre Wandelbarkeit“ (466). Er sieht voraus, daß Leverkühns illusionäre Idee von diesem Kind zunichte wird, da der „Elf“ binnen kurzem zu einem „mehr oder weniger gewöhnlichen Buben“ (465) heranwachsen wird. Der kritische Augenblick tritt jedoch nicht ein, weil Echo stirbt.

Leverkühn erlebt Echos Tod als persönliche Heimsuchung. Er klagt sich an, das Kind dem Teufel ausgeliefert zu haben. In der Lebenssumme, die er mit seiner Abschiedsrede zieht, ist Echo Fausts ephemerem Sohn anverwandelt (500). Sein Selbstopfer offenbart sich in der Opferung des Kindes als ein dem Teufel entrichteter Tribut; der Leser erkennt es als willentliche Selbstzerstörung. Der Rückgriff ist zur Regression geworden, zum progressiven Rückfall auf Stufen der Entwicklung, die den Zeiten vor der Emanzipation des Geistes angehören, angedeutet in Leverkühns Selbstbezichtigungen, in denen Aberglaube und Teufelswahn des Mittelalters durchbrechen. Den Verlust des Menschlichen bekräftigt er – und bestätigt ihn – damit, daß er den Tod Echos mit der Zurücknahme der Neunten Symphonie von Beethoven beantwortet. Das Echo-Erlebnis dringt in die Komposition der Symphonischen Kantate „Dr. Fausti Weheklag“ ein, in der das barocke Stilmittel des Echos ein grundlegendes musikalisches Dessin ist. Das stimmt zu ihrem Charakter als Werk der Klage, denn „das Zurückgeben des Menschenlauts als Naturlaut und seine Enthüllung *als* Naturlaut, ist wesentlich Klage“. Da „die Klage der Ausdruck selbst“ und „aller Ausdruck eigentlich Klage ist“ (485), ist es Leverkühns expressivstes Werk.

Mit der „Weheklag“ gelingt Leverkühn der „Durchbruch“, von Zeitblom definiert als „die Rekonstruktion des Ausdrucks, der höchsten und tiefsten Ansprechung des Gefühls auf einer Stufe der Geistigkeit und der Formenstrenge, die erreicht werden mußte, damit dieses Umschlagen kalkulatorischer Kälte in den expressiven Seelenlaut und kreatürlich sich anvertrauenden Herzlichkeit Ereignis werden könne“. Der Traum der Romantiker, zur

Kreatürlichkeit jenseits des Bewußtseins zurückzufinden, ist in dem „Monstre-Werk der Klage" (485) schauerlich parodiert. Es ist das „Werk des kranken Genius, des von Krankheit Genialisierten" (244), dem „sine pudore aus der Apothekensaat osmotische Gewächse sprießen" (235). Leverkühn ist der Durchbruch mit der Synthese von totalem Kalkül und Ausdruck gelungen. Er schafft das Werk „in der (ihm) gemäßesten Form, dort, wo's als algebraischer Zauber mit stimmiger Klugheit und Berechnung vermählt und doch zugleich gegen Vernunft und Nüchternheit allzeit kühnlich gerichtet ist" (249). Sein Sinnbild ist das magische Quadrat darin, daß sich in ihm Unvereinbares durchdringt, Berechnung und Geheimnis eins sind. In Anlehnung an den Gedanken aus Kleists Aufsatz *Über das Marionettentheater*, daß der Durchbruch in den „Stand der Unschuld", der jenseits der Reflexion unseres endlichen Bewußtseins liege, erreicht werde, wenn das Bewußtsein durch ein Unendliches hindurchgegangen sei, hatte er gefordert, daß die Kunst ihre Unmittelbarkeit zurückgewinnen und den Weg zum Menschen wiederfinden müsse, ohne ihre „technische Geistigkeit" (181) zu verleugnen. In totalem Kalkül kommt, wie nirgends, die Unmenschlichkeit moderner „Barbarei" zum Ausdruck: Die „Weheklag" ist das vom Teufel verheißene Werk, mit dem er „der Zukunft den Marsch schlagen... und (sich) der Barbarei erdreisten (wird), die's zweimal ist, weil sie nach der Humanität, nach der erdenklichen Wurzelbehandlung und bürgerlichen Verfeinerung kommt." Da Leverkühns Teufel nicht lügt, so ist impliziert, daß sich auch seine Verheißung der „Lebenswirksamkeit" bewahrheitet. An der Wirkungsgeschichte von Nietzsches *Zarathustra*, dessen paradigmatische Entsprechung „Dr. Fausti Weheklag" ist, läßt sich ablesen, welche Art von Lebenswirksamkeit dem Werk garantiert ist: „Eine ganze Horde und Generation empfänglich-kerngesunder Buben stürzt sich auf das Werk des kranken Genius,... wandelt es unter sich ab, vermacht es der Kultur" (234 f.). Th. Mann hat sich ausgiebig damit befaßt, wie aus dem poetischen Wahngebilde Zarathustra der nationalsozialistische Herrenmensch wurde.[63] Er hat Nietzsche gegen den „ästhetischen Renaissance-Nietzscheanismus" (GW, XII, 539), den „Cesare-Borgia-Ästhetizismus" und die „Blut- und Schönheitsgroßmäuligkeit" (GW, XI, 109) des um die Jahrhundertwende grassierenden Nietzsche- und Renaissancekults abgesetzt. Er hat aber auch klargestellt, daß Nietzsches Spätwerk das Produkt eines krankhaft illuminierten Geistes war, das sich „empfänglich-kerngesunden Buben“ zum Mißbrauch anbot. In diesem Sinne bezeichnet er die Niederschrift des *Zarathustra* als „unerlaubt“[64].

Wie nehmen sich daneben nun Zeitbloms enthusiastische Interpretation und seine Besorgnis um Erhalt und Veröffentlichung von Leverkühns Werk aus? Zeitblom bezahlt seine Bewunderung des Exzentrischen, die er darin an den Tag legt, mit seinem Sinn für das „Mittelmäßig-Heilsame“ (247). Deshalb kann er, der Mann der Bildung, nicht mehr unterscheiden, „wo die Tollheit anfängt, krank zu sein“, und muß dem „Pfahlbürger“ (236) das Wort überlassen, der – ein „Dämonenwitz“ (487) ironischster Art – in Gestalt Dr. Kranichs dem gesunden Menschenverstand seine Stimme leiht und Leverkühns Wahnsinn bei Namen nennt.

In der Abschiedsrede vor geladenen Gästen hat Leverkühn das Stadium völliger Entselbstung erreicht. Aus der altdeutsch eingefärbten Sprache, deren er sich ursprünglich nur gelegentlich und in parodistischer Manier bediente, ist auch der leiseste Anflug von Parodie geschwunden. Sie ist jetzt *seine* Sprache, denn bei völliger Identifizierung wird das Zitat zur eigenen Ausdrucksform. Formal ist Leverkühns Rede Zitat von Fausts „Oratio ad studiosos“, gemischt mit Zitaten anderer Literaturtraditionen.[65] Inhaltlich ist sie das Bekenntnis eines imaginierten Lebens, zugleich ein Sünden- und Schuldbekenntnis ohne vernünftigen Sinn. Leverkühns Selbstverlust ist äußerlich sichtbar. Die Eigenschaften, die seinen Charakter bildeten, sind ihm abhanden gekommen: Ihn, der Geselligkeit und das Urteil anderer immer verachtete, begehrt nach „einer günstigen Freundesversammlung“, und er bittet Gäste in seinen abgeschirmten Zufluchtsort. Bei ihrer Wahl haben ihn weder Hochmut noch „Heikligkeit“ geleitet. Es kommt – geladen und ungeladen – eine „Anzahl ihm größtenteils innerlich wie äußerlich sehr fernstehender Menschen“ (491). Vor einem sensationslüsternen Publikum gibt er seine Selbstbewahrung auf und bricht sein Schweigen, damit man sein Werk „Dr. Fausti Weheklag“ verstehen könne. Auch von seiner Neigung zum Lachen und seinem Sinn für Komik ist nichts übriggeblieben. Er ist in dem Wahngebilde gefangen, zu dem seine Selbstvergewisserung erstarrt ist.

Die Gäste reagieren auf das kuriose Geständnis zuerst, als sei es Teil der künstlerischen Darbietung, zu der sie eingeladen sind. Sie genießen es, das vermeintlich parodistische Spiel zu durchschauen. Dank dem Dichter Daniel zur Höhe – „Es hat Schönheit... man kann es sagen“ (497) – bleibt die schöne Täuschung eine Weile aufrechterhalten. Zeitblom, der in der komischen Rolle des Famulus die Katastrophe zu verhindern sucht, klammert sich an die albernen Worte Daniels, weil sie das „krude“ Geständnis unter den beruhigenden ästhetischen Gesichtswinkel rücken. Der ästhetische Gesichtspunkt gilt, wenn Fiktion und Wirklichkeit, wie es die traditionelle Kunstübung will, in harmonischem Verhältnis zueinander stehen und Wirklichkeit ins Kunstwerk transponiert wird. Leverkühn zeigt diesen Vorgang in umgekehrter Richtung. Seine scheinbar künstlerische Darbietung ist „Bekenntnis“ und hat die „Wahrheit“ „des unübertragenen Geständnisses“ (498, 497) und ist also für ein kunstverständiges Publikum eine Zumutung. Da der Künstler ihm statt schönem Schein Wahrheit zumutet, wandelt sich seine Hochachtung vor ihm in Entrüstung. Leverkühn ist von jetzt an auf das „menschlich' Verständnis“ (503) und die Barmherzigkeit der „Mutter“ angewiesen, die den Bewußtlosen in die Arme nimmt.

4.4
Die Zurücknahme des Prototyps Faust

„Dr. Fausti Weheklag“ bedeutet die Zurücknahme des Menschlichen im Bereich der Musik durch die Zurücknahme des dafür repräsentativen Werks. In Leverkühns Abschiedsrede vollzieht sich die Zurücknahme des Menschlichen mit Leverkühns Eingehen in den Typus und seinem Durchbruch zum Elementaren. Im Teufelsgespräch ist dies angedeutet, als der Teufel die herkömmliche Kunst und die Formen des Denkens, denen sie gemäß ist, zum „scheinhaften Spiel“ mit der Wahrheit erklärt. Seine Forderung an das „echte“ Werk lautet: „Zulässig ist allein noch der nicht fiktive, der nicht verspielte, der unverstellte und unverklärte Ausdruck des Leides in seinem realen Augenblick.“ (241) In Leverkühns Abschiedsrede ereignet sich dieser Augenblick. Sie gipfelt in dem Klagelaut, der Zeitblom „für immer im Ohre hängengeblieben ist.“ (502) Anders als der im Schweigen verklingende letzte Ton der „Weheklag“ entbehrt er der versöhnlichen Wirkung, die mit der Idee der Werkkunst und ihrer wohlmeinenden Fiktion grundsätzlich verbunden bleibt. Er verweigert sich einer vom Wunschdenken gebotenen Auslegung, denn er ist eindeutig. Nach dem Klagelaut verstummt Leverkühn für immer. Der Rückgriff auf Formelemente des Volksbuchs wiederum nimmt Goethes Faust zurück. Gemeint ist nicht Goethes Werk, sondern die Verkörperung von gigantischer Jugendlichkeit und Unreife, von „Studenten-Titanismus", die zum „alterslos gültigen Typus" und Symbol des Menschlichen wurde[66] und gegen die sich der Humanitätsbegriff der Aufklärung, wie ihn Lessings Nathan vertritt, nicht durchsetzen konnte.

Im *Faustus* erscheint die zum Prototyp des menschlichen erhobene Jugendlichkeit wieder in der Gestalt des „Studenten-Titanismus", von dem sie ausgegangen war und der sie vernünftigerweise ist. Die Gespräche und Unternehmungen der „Corona der christlichen Verbindung ‚Winfried'" (113–127) sind so aufgebaut, daß schemenhaft Goethes Faust dahinter auftaucht. Dort heißt es im Gespräch über die Jugend „als eine spezifische Lebensform", die deutsche Jugend repräsentiere als Jugend „den Volksgeist selbst, den deutschen Geist, der jung ist und zukunftsvoll, – unreif, wenn man will, aber was will das besagen! Die deutschen Taten geschahen immer aus einer gewissen gewaltigen Unreife"; und weiter: „Wo bliebe die Welt auch, wenn Reife das letzte Wort wäre! Wir werden ihr in unserer Unreife noch manche Erneuerung, manche Revolution bescheren." Im darauf folgenden Schweigen verschmelzen die Gefühle der „Musensöhne" „in ein Pathos". „Das Wort von der ‚gewaltigen Unreife' hatte sicher viel Schmeichelhaftes für die meisten." Danach ist es die gewaltige Unreife des deutschen Geistes, die den Auftrag Deutschlands in der Welt und die deutsche Kultur einzigartig macht. Zeitblom spürt „einen Schicksalsabgrund zwischen dieser strebend gehobenen Jugend" und Leverkühn. Sie werden in das Philistertum einlenken und dort für ihre luxuriösen und frei experimentierenden Gedanken keine Verwendung haben, während er „den Weg des Geistes und der Problematik nie verlassen, ihn wer weiß wohin weitergehen sollte". Daß Leverkühn bei den Gesprächen die nüchterne Gegenposition behauptet, weist darauf hin, daß sich diese Vorstellungen nach der „Umkehrung" seiner Entwicklung in seinem Leben realisieren werden.

Es ist für den *Faustus* bezeichnend, daß der Teufel das „Positive“, die Lebenskraft und Kritikfeindlichkeit repräsentiert und daß er der Herr der „prangenden Unbedenklicheit“ (238) ist. Goethes Mephisto, der Geist des Spottes und der Verneinung, ist im *Faustus* nicht als Partner im Teufelspakt zitiert, sondern als Leverkühns ärmlicheres, doch besseres Ich, nämlich mit Schildknapp, dessen Anwesenheit den Teufel verscheucht und der plötzlich in der Sofaecke sitzt, als der Teufelsspuk vorüber ist.[67]

Der *Faustus* zeigt, wie wenig jugendlicher Titanismus der Idee des vernünftigen und verantwortlichen Menschen entspricht, wie er das Menschliche zerstört und hinter die Errungenschaften des menschlichen Geistes zurückführt. In diesem Zusammenhang bedeutet Dr. Kranichs Urteil, „Dieser Mann ist wahnsinnig“, mit dem er Leverkühns ‚Faustwerdung‘ quittiert, die Entmythisierung der im Prototyp Faust repräsentativ gewordenen Menschlichkeit. Die Apotheose des „Himmelsstürmers“ ist im *Faustus* widerrufen: „Schauerlich Rührenderes und Kläglicheres ist nicht zu erdenken, als wenn ein von seinen Ursprüngen kühn und trotzig emanzipierter Geist, nachdem er einen schwindelnden Bogen über die Welt hin beschrieben hat, gebrochen ins Mütterliche zurückkehrt.“ Zurück bleibt „ein hilfloses, unmündiges Kind“ (506), ein „Phantom“, das durch „ein höhnisches Spiel der Natur.... das Bild höchster Vergeistigung“ bietet „dort, wo der Geist entwichen ist.“ (509)

4.5
Regression ins Mythische

Als Leverkühn zusammenbricht, ist die Geschichte Leverkühn-Fausts zu Ende. Leverkühns Verfall schreitet jedoch weiter. Die Veränderungen des geistentleerten Körpers weiten seine paradigmatische Bedeutung auf die Geschichte des Menschengeistes aus.

Da die Steigerung der Kalkulation dem Verfall von Leverkühns Erkenntnisfähigkeit und „Unbestechlichkeit“ proportional ist, fällt der Moment höchster Kalkulationsfähigkeit mit dem Rückfall in einen vorbewußten Geisteszustand zusammen. Leverkühns Selbstverlust vollzieht sich nach dem Muster der krankhaften Rückverwandlung in frühe Entwicklungsstadien. Leverkühn wird zuerst zum Kind und dann zum sinnen- und sinnlosen Gliedermann. Sein Ichbewußtsein regrediert zum Selbstverständnis als Prototyp und schließlich zu der vorbewußten, mythischen Identitätsempfindung mit den Naturkräften.

Als Zeitblom Leverkühn zu seinem 50. Geburtstag besucht, findet er ihn unter der Linde in schief gebückter Haltung und mit einem verschmälerten Gesicht, „ein Ecce-homo-Antlitz... mit weh geöffnetem Mund und blicklosen Augen". Leverkühn erkennt Zeitblom nicht, nur dessen Blumen erregen für einen Augenblick seine Teilnahme. Bei Zeitbloms letztem Besuch richtet, unter buschigen Brauen hervor, „das Phantom einen unsäglich ernsten, bis zur Drohung forschenden Blick" (509) auf ihn, der aber nur eine Reflexbewegung ist, denn gleich rollen die Augen haltlos nach oben.

Das Bild von Leverkühns Ende oszilliert zwischen Fausts Höllenfahrt und der Passion Christi. Zwar nimmt Zeitblom die Umdeutung ins Christologische vor, doch er kann sich auf Veränderungen in Leverkühns Erscheinung berufen, die sie nahelegen. Er hebt die Kreuzigungsgebärde in Echos Sterbeszene hervor und bemerkt die „wachsende Neigung Leverkühns, den Kopf zur Schulter geneigt zu tragen", die „dem Antlitz etwas Vergeistigt-Christushaftes verlieh" (482). In der „Weheklag", der „Klage des Höllensohns, (der) furchtbarste(n) Menschen- und Gottesklage" (484), erkennt er, daß der „Johannstrunk", zu dem Faust seine Gesellen in seiner letzten Stunde einlädt, „als ein anderes Abendmahl" (489) angelegt ist, und deutet demgemäß Leverkühns Einladung als eine Aufforderung zum „Wachet mit mir!" (491), das er als Motto dem Schlußkapitel voranstellt. In der Annahme der Verdammnis, wie sie in dem „Generalthema" der Faustkantate, „‚Denn ich sterbe als ein böser und guter Christ'", zum Ausdruck kommt, sieht Zeitblom die „Umkehrung der Versuchungsidee, dergestalt, daß Faust den Gedanken der Rettung als Versuchung zurückweist" (489), und somit „die Versuchung Jesu durch Satan erinnert" (490). In der Abschiedsrede setzt Leverkühn die Anspielungen fort mit dem Bibelwort „Seid nüchtern und wachet!" (499) und dem Bekenntnis, er habe die Schuld der Zeit auf den eigenen Hals genommen, womit er zugleich Sünder und stellvertretender Märtyrer ist. Vollends das Schlußbild wendet die Faustmotivik in die Christusmotivik: Leverkühn öffnet den Mund zu einem Klagelaut, mit ausgebreiteten Armen beugt er sich über das Musikinstrument, das ihm die Welt ist, als wolle er es umfangen, die Kreuzigungs- in eine Liebesgebärde verwandelnd. Die dienenden Frauen und Schildknapp, den er allen vorzog, umgeben ihn und bilden die Gruppe am Kreuz. Mit Frau Schweigestills Geste – „Sie hob den Kopf des Bewußlosen, und seinen Oberleib in mütterlichen Armen haltend“ (503) – ist auf die Pieta angespielt.

Die Christusmotivik gibt nicht zuletzt in ihrer Widersprüchlichkeit zur Faustmotivik zu verstehen, daß der Mythos in einer Weise einbezogen ist, die seine „Realisierung“ ironisiert.[68] Daß die Christusmotivik nur als Anspielung fungiert, geht auch aus der Unstimmigkeit der Szenenbilder hervor, z. B. stehen auch Zeitblom und Helene bei dem Zusammengebrochenen. In dem Werk, in dem Leverkühn mit der Tradition bricht und der Kunstepoche und ihren Werten den Abschied gibt, sind die Faustmotive als bewußter Revers zu den Christusmotiven eingesetzt. Die Parallele zu Nietzsche liegt auf der Hand. Sie wird unüberlesbar beim Besuch Zeitbloms auf Buchel, mit dem Deussens Besuch bei Nietzsche zitiert ist, vor allem dadurch, daß der Begriff Ecce-Homo im Kontext sowohl auf Nietzsche als auf Christus anspielt. Der Zusammenhang, in dem Faust als Antichrist figuriert, evoziert zunächst Nietzsches Idee des Antichrist durch die Identität Leverkühns mit beiden, freilich mit dem Unterschied, daß im *Faustus* der Antichrist mit negativem Vorzeichen versehen ist. Da der *Faustus* die Endzeitverkündigungen von Leverkühns „Apokalypse“ in Erfüllung gehen läßt, evoziert dies die christlichen Vorstellungen vom Erscheinen des Antichrist, der – selbst gestaltlos – in eigentümlicher Verzerrung als Parusie Christi erscheint, wenn die Menschheit in dem Geisteszustand anlangt, der das Ende, dessen Symbolgestalt er ist, heraufführt.

Mit der Formel „Mythus und Psychologie“[69] hat Th. Mann das Verhältnis seines Werkes zum Mythos umrissen. Sie ist für seine Erforschung wegweisend geworden, weil sie der Doppelgesichtigkeit gerecht wird, die der Behandlung des Mythos durch einen aufgeklärten, dem mythischen Denken entrückten Geist anhaftet.

Th. Manns Mythosbegriff ist elastisch und bietet unterschiedlichen Auffassungen vom Mythos Raum.[70] Seine Bekenntnisse zum Mythischen als dem „Typische(n), Immer-Menschliche(n),... Zeitlose(n)“ (GW, XI, 656), dem, was das geschichtliche Leben vorab prägt und als beständiges Muster in ihm in Erscheinung tritt, sind von einer skeptischen Denkweise unterlaufen, die sich einmal in der Kritik am Versuch seiner Wiederbelebung im Dritten Reich, zum anderen in der ironisch-spielerischen Handhabung des Mythos in seinen Werken äußert. Diese verrät das Bestreben, den Schleier des Geheimnisses vom Mythos zu ziehen. Es ist vielfacher Interpretation offen, daß Leben „Wiederkehr und Wiederholung", ein „In-Spuren-Gehen"[71] sei. Im Anschluß an Zeitbloms Bemerkung über die „psychologische Merkwürdigkeit..., daß einer nachfiebert, was andere vorgefiebert, und daß man unselbständig, anleiheweise und nach der Schablone verzückt ist" (358), spricht Th. Mann von seiner „wachsenden Neigung..., alles Leben als Kulturprodukt und in Gestalt mythischer Klischees" (EDF, 248) zu sehen. Diese Äußerung ist frei von Widerspruch, wenn man unter Mythen kulturbedingte Vorstellungen versteht, die als kulturelle Einflüsse wirken. Mit der darin angedeuteten Relativierung des Mythos ist der Anschauung widersprochen, daß Mythen verkörpern, was unbedingt ist. Im *Faustus* sind kontroverse Auslegungen gegeneinander ausgespielt. Mit der Idee vom Mythos als Präformation der Wirklichkeit und als Fiktion sind zwei Möglichkeiten angegeben, mythische Vorstellungen im heutigen Denken zu integrieren.

Es ist unwahrscheinlich, daß ein Leser Leverkühns Schicksal als typisches Schicksal im Sinne mythischer Vorgänge versteht. Sein Interesse wird auf die psychologische Frage gelenkt, wie die Vorstellung mythischer Nachfolge entstehen und lebendig werden kann. Der Roman fördert dies in dem Maße, wie er eine mythologische Lesart des Geschehens erschwert. Schon daß Leverkühn das „Ich bin's" der mythischen Inkarnation erst im Wahnsinn erfährt, macht den Gedanken einer Wiedervergegenwärtigung des Faustmythos suspekt. Die Einbettung der Faustsage ins Altdeutsche schwächt das Mythisch-Allgemeine, und ihre Betonung impliziert, daß Bildung und Wirksamkeit dieses Mythos von Gegebenheiten deutscher Kulturtradition abhängig sind. Literarische Präfigurationen und kulturelle Klischees, die einen unkontrollierbaren Einfluß auf die Bewußtseinsbildung haben, bilden das mythische Substrat des Romans. Mit der Analyse einer geistig-seelischen Verfassung, die als Disposition zum Teufelspakt umschrieben ist, wendet sich der Roman von der mythologischen zur psychologischen Sicht des Phänomens der Nachfolge, und mit dem Gedanken, daß die kulturelle Tradition als Quelle der Mythenbildung identifizierbar ist, der Mythos- und Kulturkritik zu.

5
Gesellschaft: Die Endphase der bürgerlichen Epoche

5.1
Der Protagonist

Die notorische Ansicht, Th. Mann habe so ziemlich alles, was es zum *Faustus* zu sagen gebe, schon selbst gesagt, konditioniert den Leser dazu, sich für die Einschätzung Zeitbloms mit der Schablone von der „humanistisch fromme(n) und schlichte(n), liebend verschreckte(n) Seele", dem „exemplarisch undämonische(n) Mittel", das zur „Durchheiterung des düsteren Stoffes" (EDF, 164) beitrage, zufriedenzugeben. Sowohl Th. Mann – in den Nebenschriften zum *Faustus* – als auch Leverkühn und andere Romanfiguren sprechen in gutmütig herablassendem Ton von ihm als dem „guten Zeitblom". Da Th. Mann ihn zudem neben Frau Schweigestill als die sympathischste Figur des Romans bezeichnet,[72] ist man geneigt, in ihm das Porträt eines zwar unscheinbaren und am Rande der Romanproblematik stehenden, aber in seinem eigenen Recht guten Menschen zu sehen. Als Erzähler beweist er, daß er die geistigen Höhen- und Tiefenflüge des Romanpersonals nicht nur getreu referieren, sondern auch kritisch beurteilen kann. Seine Beschreibungen und Erläuterungen von Leverkühns Werken sind eine interpretatorische Glanzleistung. Sie machen das kompliziert kalkulierte Werk erst kommunikationsfähig, indem sie vermitteln, was beim Hören allein nicht wahrnehmbar wäre. Sein Leben im Schatten des Freundes, den er liebt, ohne wiedergeliebt zu werden, für den er sich verantwortlich weiß, ohne Einfluß auf ihn nehmen zu können, der vor seinen Augen zugrunde geht, ohne daß er ihm helfen kann, und dem er über den Tod hinaus in treuem Dienst an seinem Werk ergeben bleibt, ist ein beinahe klassisches Schicksal und weckt eher Bewunderung als Kritik. Aber auch er ist ein Geschöpf der Endzeit, bei dem sich ins Böse zu verkehren beginnt, was als Gutes begann.

Da Th. Mann Zeitblom und Leverkühn die beiden Protagonisten des Romans genannt und von einer Identität zwischen ihnen gesprochen hat (GW, XI, 627), kann man davon ausgehen, daß

Zeitblom als eine Figur von gleicher Größenordnung wie Leverkühn konzipiert ist. Als Verkörperung des Mittleren und Eingeschränkten ist er zu der extrem einseitigen Genialität Leverkühns das ergänzende Gegenstück. Darüber hinaus ist er der Protagonist in der gesellschaftlichen Sphäre des Romans, in der Leverkühn nur die Nebenrolle eines Außenseiters spielt. Er repräsentiert den deutschen Intellektuellen in der ersten Hälfte des 20. Jahrhunderts, dessen Verfassung und Verhalten unter dem Zeichen verfallender Bürgerlichkeit stehen. Das bedeutet nicht, daß er der Repräsentant der Gesamtheit dessen ist, was man unter Spätbürgertum versteht. Es ist an ihm nur vorgeführt, wie die nach Ansicht des Autors größte Errungenschaft der Menschheit, die Humanität, deren Herold der Bürger war, sich von innen heraus, nämlich im humanistisch geprägten Bewußtsein selbst, zersetzt.

Wie ist der Bürger beschaffen, von dem sich Zeitblom als eine „Schrumpffigur" abhebt? Im *Faustus,* dem Roman seines Verfalls, ist sein Bild nicht enthalten. Die positiven Varianten, neben denen Zeitbloms scheinbar sympathische Züge als Verkümmerungsformen kenntlich sind, konstituieren das Bild des Bürgers, das Th. Mann in *Lübeck als geistige Lebensform* (1926) (GW, XI, 376–398) entworfen hat. Darin sind Bürgersinn, Künstlertum und Deutschtum zu einem höheren und universalen Menschentum verschmolzen. Es ist ein idealisiertes Selbstporträt Th. Manns, und so hat dieses Modell denn auch etwas spezifisch Hanseatisches und Lübeckisch-Patrizierhaftes an sich.

Der in der Rede beschriebene *Bürger* ist ein Städter und hat deshalb wenig Sinn für die Natur. Da er ohne „Erdgeruch ... Feld und Wald" aufwächst, ist sein Interesse auf den Menschen und das Menschliche gesammelt. Er kennt „religiöse Scheu, physisch-metaphysisches Grauen" vor der Ungeheuerlichkeit der Natur, vor allem jedoch empfindet er „Spott, wirkliche Ironie gegenüber dem übergewaltig Dummen ... gigantischer Mächte, die ihn in ihrer Blindheit zwar physisch vernichten können, denen er aber noch im Tode" durch sein Menschsein überlegen ist. Sein Verhältnis zur Welt ist vorwiegend ethisch, verstanden als Gegensatz zu einem bloß ästhetischen Verhältnis von „Schönheits- und Genußseligkeit". Stark ausgeprägt ist im Bürger der „Sinn für Lebenspflichten"; er hat einen „Trieb zur Leistung" und den Drang, innerhalb der Gesellschaft und für sie zu wirken. Entsprechend seiner Weltanschauung, die sich auf die Humanitätsidee gründet, steht seine Lebensgestaltung unter der Idee der Mitte. In dieser Idee ist Bürgerlichkeit mit Deutschtum identisch, denn „deutsches Wesen" ist das „Mittlere und Vermittelnde". Gesehen als geistige Lebensform, „heißt Deutschtum selbst Bürgerlichkeit, Bürgerlichkeit größten Stils, Weltbürgerlichkeit, Weltmitte, Weltgewissen, Weltbesonnenheit, welche sich ... gegen alle Extremismen kritisch behauptet". Das Bürgerliche kann sich nur in der produktiven Beziehung zur engeren (der mitmenschlichen Gesellschaft) und weiteren Welt (der Völkergemeinschaft) verwirklichen. Der Bürger vertritt den sozialen Fortschritt und ist dem Neuen gegenüber grundsätzlich aufgeschlossen, schon allein darum, weil „Renitenz gegen das sich verjüngende Leben", gegen das mit der Vitalität historischer Notwendigkeit auftretende Neue, ihn in die Defensive drängen und zu sozialer Inaktivität verurteilen würde. Grundsätzlich konservativ ist er nur im unbedingten Festhalten an den humanistischen Prinzipien. Sonst ist seine Weltanschauung flexibel. Der Bürger glaubt an die Überlegenheit des Geistes über das Physische und daran, daß der Geist Macht über den Körper hat. Er schätzt den geistigen Wagemut und liebt es, seinen Intellekt in totaler Gedankenfreiheit zu erproben. In seinen realpolitischen und sozialen Entwürfen dagegen übt die „standhafte Humanität" strenge Zensur. Doch immer hat er den Freibrief zum „höchstgefährlichen, ja vernichtenden Abenteuer des versuchenden Gedankens", dem er einerseits sein produktives Hochgefühl verdankt, der ihn aber andererseits auch dem Risiko der „Entbürgerlichung" aussetzt, sobald der Gedanke „zur sprengenden Tat" wird, wie es bei den „großen Befreiungstaten" des umwälzenden bürgerlichen Geistes geschieht. Im Alltag handelt der Bürger pflicht- und verantwortungsbewußt, bewahrt aber Distanz zum Alltäglichen, die sich in Ironie und Humor, Selbstsicherheit und Selbstbeherrschung sowie in gesellschaftlichen Tugenden wie Würde, Eleganz, Diskretion und Rücksicht äußert. Auch die bürgerliche Kunst ist nicht von der Verpflichtung auf die Humanität dispensiert. Der Künstler ist sogar die Symbolgestalt des Bürgerlichen, wenn er sein Leben mit Familie und Ämtern in der Gesellschaft verankert und die Kunst übt, um die Humanität in seiner engeren Umwelt so wie in der Welt zu fördern.

Die Eigenschaften des in *Lübeck* gezeichneten Ideals erscheinen bei Zeitblom im Zustand der Stagnation oder bereits auf dem Weg zur Verwandlung in ihr Gegenteil. Die Idee der Mitte ist zur Tugend des Sich-Bescheidens im Mittelmäßigen geworden, die ehrenvolle Rolle des Vermittlers zwischen den Extremen zur Rolle des Vertrauten für intime Geständnisse unbürgerlichen Verhaltens, in der Zeitblom keine ausgleichende Funktion hat; vielmehr wird er gerade deshalb in fatale Angelegenheiten eingeweiht, weil man sicher ist, daß er der Entwicklung zum Extremen ihren Lauf lassen und keinen Ausgleichsversuch unternehmen wird. Sein Urteil ist getrübt durch persönliche Empfindlichkeit. So ist er Ines gegenüber voreingenommen, weil er das Geständnis ihrer Liebe zu einem anderen Mann als eine Kränkung seiner Männlichkeit empfindet. Nicht produktives Hochgefühl begleitet seine Arbeit, sondern die dauernde Beteuerung, daß er ihr eigentlich nicht gewachsen sei. Im Kridwiß-Kreis hält er seine Meinung zurück, weil er von der Kraftlosigkeit seiner Anschauungen überzeugt ist. Vom bürgerlichen Drang nach sozialem Engagement ist bei ihm nur die mürrisch geübte Pflicht übriggeblieben, anwesend zu sein, wo über die Zukunft verhandelt wird. Um seiner Gesinnung willen gibt er den Lehrberuf auf, als es gilt, seine Schüler in eben dieser Gesinnung zu bestärken. Von seiner Familie spricht er, als müsse er sich für sie entschuldigen. Bei jeder Gelegenheit erwähnt er die äußere und innere Schlichtheit seiner Frau und rückt sie, eine geborene Ölhafen mit dem Vornamen Helene, durch den Vergleich mit Helena in ein entwürdigend komisches Licht. Die bürgerliche Gefühlskultur ist zu stereotyp zitierten Gefühlsgesten wie Bangen, Grauen, Ergriffenheit und Erschütterung erstarrt. Dem Risiko abhold, versagt er sich die Freiheit des Gedankens, die dialektischen Finessen und verstiegenen Entwürfe ihrer Gegner nimmt er jedoch ohne nennenswerten Widerspruch hin, weil er es bürgerlicher Gesittung schuldig zu sein glaubt, noch im „Anti-Geistigen" das Geistige zu ehren und zu schonen. Sein Idol ist ein Künstler, der sich der Gesellschaft entzieht und seine Mitmenschen zu Mäzenen und Dienern seiner isolierten Sonderexistenz degradiert. Seine freundschaftliche Hingabe an Leverkühn ist zwiespältig. Er ist, wie Th. Mann über ihn und sich selbst sagt, „in ihn verliebt von seinen hochmütigen Schülertagen an, vernarrt in seine ‚Kälte', seine Lebensferne, ...

sein ‚Unmenschentum' und ‚verzweifelt Herz', seine Überzeugung, verdammt zu sein" (GW, XI, 686). Er liebt gerade das, woran der Freund zugrunde geht. Zwiespältig ist auch die Dokumentation von Leverkühns Schicksal, denn sie ist ein Warnbild, getaucht in den Glanz von Liebe und Verehrung. Die Unterordnung seines Lebens unter dasjenige eines anderen schließlich verstößt gegen das bürgerliche Ideal der in sich ruhenden Persönlichkeit und ist ein Schritt auf dem Weg zur Entmachtung des Ich unter der Tyrannei der Gemeinschaft.

Der an Zeitblom exemplifizierte Verfall des Bürgerlichen vollzieht sich im Sog der Zeitgewalten. Daß der verfallende alte Geist an ihm stärker als der keimende neue in Erscheinung tritt, korrespondiert mit seiner romantechnischen Funktion als Erzähler, der das Geschehen aus einer bestimmten Perspektive verfolgt, es beobachtet und kommentiert. Wechselt er aus der Rolle des passiven Beobachters in die des aktiven Mitspielers, so treten andere Züge an ihm hervor. Im Rausch der Kriegsbegeisterung wertet er den Ersten Weltkrieg als einen heroischen Versuch der Deutschen, aus Isolation in Weltoffenheit durchzubrechen. Leverkühn bleibt seiner „patriotischen Ergriffenheit" (306) und seiner Suada über das „mythische Hervortreten der National-Charaktere" (305) gegenüber kühl, bis das Stichwort fällt, daß es sich bei seiner Anteilnahme an der „Charaktergestalt, als welche die historische Stunde das sonst multiforme deutsche Wesen habe erstehen lassen," um die „Psychologie des Durchbruchs" (307) handle.[73] Leverkühn antwortet spöttisch, er habe verstanden, daß Kaisersaschern Weltstadt werden möchte, und meint, der Krieg mache Deutschlands Eingesperrtheit erst vollkommen. In die Enge getrieben zwischen seiner nationalen Begeisterung und dem Bestreben, mit Leverkühn einer Meinung zu sein, steigert sich Zeitblom in immer gewagtere und literarischer werdende Postulate hinein, die alle um den Gedanken des Durchbruchs kreisen: Der Krieg müsse und werde kurz sein, ein rascher Durchbruch werde den Sieg bringen, Deutschland werde die Schuld auf sich nehmen müssen und dergleichen mehr. Kleists Aufsatz *Über das Marionettentheater* kommt zur Sprache, und Zeitblom pariert Leverkühns Bemerkung, daß es sich darin um das Ästhetische handle, mit der These, daß das Ästhetische über das Humane entscheide. Sie erweist sich als der Irrtum, mit dem die Selbstzerstörung des bürgerlichen Bewußtseins einsetzt. „Ästhetische Erlöstheit oder Unerlöstheit, das ist das Schicksal, das entscheidet über Glück oder Unglück … und man muß nicht Philolog sein, um zu wissen, daß das Häßliche das Verhaßte ist"; Versiegelung im Häßlichen und Durchbruchsbegierde, fährt Zeitblom fort, seien „deutsch … kat exochen", „die Definition des Deutschtums geradezu" (309).

Nach Ansicht des Romans ist die Ästhetisierung der Weltanschauung der deutsche Ausweg aus ethischer Orientierungslosigkeit. Vermittelt von gesittetem Bürgertum, bereitet sie die neue Barbarei vor. Dem in der Kriegsbegeisterung von 1914 sich schön dünkenden Deutschen folgt der häßliche Deutsche auf dem Fuße, nun um so dichter im Häßlichen eingesperrt und nach einem noch gewaltsameren Durchbruch drängend. – Mit bereits gedämpfter Begeisterung reitet Zeitblom in den Krieg, dessen Alltag mit „bösem Husten und Gliederreißen" und sinnlosen Kampfhandlungen ihn schnell desillusioniert. „Noch viele Dörfer zerschossen wir, getragen auf Fittichen", berichtet er lapidar, und dann mit dem Leitmotiv der „Zurücknahme": „Die Fittiche hatten getrogen. Es hatte nicht sein sollen." Das Resümee aus den Erfahrungen des Ersten Weltkriegs lautet: „Wir wußten es nicht. Langsam wurde die Wahrheit in uns hineingequält." (311) Als sich der deutsche Geist zum nächsten Durchbruch zu rüsten beginnt, ist Zeitblom immun.

5.2
Symptome der Entbürgerlichung

Die Charaktere im *Faustus* kann man in zwei Hauptgruppen unterteilen, in Figuren, die ein Sein verkörpern, und Personen, an denen sich eine Entwicklung vollzieht. An der ersten Gruppe manifestiert sich der Zeitablauf durch unverändertes Auftreten in veränderten Situationen, an der zweiten durch verändertes Auftreten in grundsätzlich gleichen Situationen. Die Charaktere, die eine Entwicklung haben, sind in ihrer Motivsubstanz miteinander identisch, die ein Sein verkörpernden fügen sich zu Zustandsbildern zusammen. So fügen die Mitglieder der Münchner Gesellschaft sich als Allegorien einzelner Verfallssymptome zu einem Bild verfallenden bürgerlichen Geistes zusammen. Sie verkörpern bürgerliche Idealvorstellungen im Zustand der Entbürgerlichung, und das heißt vor allem vermindert um die Idee der Verpflichtung auf die Humanität.

Der ehemalige Reiteroberst, Generalintendant Exzellenz von Riedesel, ist die Karikatur des preußischen Offiziers, dem nicht Leistung, sondern Herkunft Ruhm und Ehre sichert. Er ist grundsätzlich konservativ und sicherheits- und schwachsinnshalber für das Alte und Historische und immer gegen das Neue, so daß er für die Idee der kommenden Barbarei leicht zu gewinnen ist, wenn sie ihm als alt präsentiert wird. – Dr. Breisacher vertritt einen außerbürgerlichen und unernsten Konservativismus. Er sieht in der Geschichte einen Verfallsprozeß, in dem das Echte und Ursprüngliche, „Volk und Blut und religiöse Wirklichkeit", in „humane Wassersuppe" (238) zerfließen.[74] Es bereitet ihm boshaftes Vergnügen, die Münchner Gesellschaft mit seiner dialektischen Redekunst zu schockieren und gerade dadurch Zugang zu ihr zu finden. Er ist der Typ des Intellektuellen in seiner ironisch-tragischen Version. Mit der Polemik gegen zivilisatorischen Rationalismus und der Propagierung des Urhaft-Volklichen arbeitet er dessen Wahrwerdung vor und schaufelt sich das eigene Grab. – Den Dichter Daniel zur Höhe kennzeichnen Propheten- und Feldherrnposen und die stereotype Urteilsphrase „Es ist schön. Es hat Schönheit. Recht wohl, man kann es sagen." (497) In seinem einzigen Werk, den „Proklamationen", verkündet er sein Ideal von „einer in blutigen Feldzügen dem reinen Geiste unterworfenen, von ihm in Schrecken und hohen Züchten gehaltenen Welt" (363). Es schließt: „Soldaten! ... ich überliefere euch zur Plünderung – *die Welt*!" (364). Der Dichter schwelgt darin in wollüstig-barbarischen Tagträumen, die, als die Kehrseite seines Schönheitskults, die These bewahrheiten, daß „blutloser Ästhetizismus" das schrittmachende Gegenstück zum „blutigen Barbarismus" (373) ist. Er vertritt ein Künstlertum ohne Verpflichtung auf die Humanität. Aus dem L'art-pour-l'art-Prinzip leitet er das Recht ab, seine Phantasmagorien Kunst zu nennen, wenn sie nur „schön" sind.[75] – Bei dem Dürer-Mann, Professor Holzschuher, ist der bürgerliche Begriff des „Rein-Geistigen" zu einer Idee von geistiger Reinheit abgesunken, welche die Reinheit „unzweifelhaft deutscher Gesinnung" zu ihrem Kriterium macht. So schlägt er anläßlich eines Konzertprogramms, in dem Berlioz neben

Wagner steht, vor, durch Ausschaltung „welschen Virtuosentums" zugunsten „deutschen Meistertums" (446) die geistige Reinheit im deutschen Kulturleben wiederherzustellen. In der Engstirnigkeit, der Xenophobie und dem Chauvinismus, die seine Gesinnung bestimmen, sind Flexibilität, Weltoffenheit und seiner Vermittlerrolle bewußtes Deutschtum bereits in ihr Gegenteil verkehrt. – Der Numismatiker Dr. Kranich, Konservator des Münzkabinetts, ist fest geprägt und museal beständig wie die Münzen, die er konserviert. Er verkörpert die „gestrenge Mittelmäßigkeit" (414). Das rational gesicherte Normale und die eindeutige Moral sind die Basis der unfehlbaren Urteilssprüche, die in kritischen Situationen zu fällen seine Funktion im Roman ist. Mit ihm ist „das letzte Wort" darüber, was „krank ist, und was gesund", dem „Pfahlbürger" (236) zugefallen, von dem es im Teufelsgespräch heißt, daß man es ihm lieber nicht überlassen solle, weil sein Lebensverständnis fraglich sei. Folgerichtig sind seine kategorischen Urteilssprüche mit der ebenso kategorischen Erklärung verbunden, daß er als Numismatiker für Verständnis und Hilfe nicht zuständig sei.

5.3 Der neue Geist

In den Gesprächen der Kridwiß-Runde ist der neue Geist am Wirken, der den bürgerlichen abzulösen beginnt. Die vorgetragenen Gedanken sind dem Puls der Zeit abgelauscht, deshalb sind Zeitbloms aus bürgerlichem Geist kommenden Gegenvorstellungen „taktlos", d.h. nicht im Takt mit den Stimmen der Zeit. Die Gespräche drehen sich um die „Feststellung des Seienden und Kommenden" (364) und laufen darauf hinaus, die geschichtliche Notwendigkeit im Niedergang der bürgerlichen Traditionen zu erweisen. Die Diskutanten richten ihr Augenmerk auf die Paradoxien der Geschichte und holen sich aus ihnen die Bestätigung ihrer kulturkritischen Thesen, die alle unter dem Leitgedanken stehen, daß die Selbstbestimmung des Individuums, die dem bürgerlichen Denken wesentlich ist, zum Scheitern verurteilt sei. So habe die als Befreiungstat gedachte Französische Revolution, der Aufstand des Bürgertums gegen den Absolutismus, in Wirklichkeit eine Ära der Gewalt eingeleitet. Sie implizieren, daß die Beseitigung überlieferter gesellschaftlicher und staatlicher Formen eine Gesellschaft isolierter einzelner geschaffen habe, in der das Individuum Teil einer hilf- und kontaktlosen Masse und deshalb despotischer Zwangsherrschaft preisgegeben sei. So steuere die Entwicklung notgedrungen auf ein Regime der Gewalt zu. Die Dialektik des Geschichtsprozesses lasse aus der Revolution die Diktatur hervorgehen, weil die Freiheit, die die revolutionäre Gruppe fordere, zur Diktatur ihrer Partei werde, sobald diese an die Macht gelangt sei. Die dem freiheitlichen Prinzip inhärente Antinomie äußere sich darin, daß es gezwungen sei, zu seiner Aufrechterhaltung die Freiheit seiner Gegner einzuschränken. Damit aber führe es sich ad absurdum und erweise seine Unhaltbarkeit und Untauglichkeit, was die Gestaltung des Geschichtsprozesses angehe. Die Vorstellung von selbstherrlicher Freiheit, autonomer Vernunft und objektiver Wahrheit seien Relikte individualistischen Denkens und wie dieses überwindenswert; denn die heraufkommende Zeit sei auf die Idee der Gemeinschaft eingeschworen, weil die an die Idee des Individuums gebundenen Werte ihre Ohnmacht offenbart hätten. Ausblicke auf soziologische Wirklichkeit unterstützten die abstrakte Analyse. So seien, vor allem in den besiegten Ländern, die alten Lebenswerte erschüttert, und dies verschaffe ihnen einen geistigen Vorsprung gegenüber den in den alten Zuständen verharrenden Siegern. Die bedeutsamste Folge des Krieges sei die Erfahrung von der Wertlosigkeit des Individuums; sie beschleunige die notwendige Entwicklung. Die den Deutschen bescherte demokratische Republik verfehle dagegen das neue Lebensgefühl. Es enthalte Überdruß am Freiheitspathos und Unlust, sich auf den dialektischen Prozeß bei der demokratischen Realisierung der Menschenrechte einzulassen. Im Zeitalter der Massen sei die parlamentarische Diskussion ein ungeeignetes Mittel politischer Willensbildung. An ihrer Stelle würden mythische Fiktionen, „Fabeln, Wahnbilder, Hirngespinste" (366), die politischen Energien entfesseln. Obwohl sie mit Vernunft, Wahrheit und Wissenschaft nichts zu tun hätten, also unwahr seien, würden sie sich als fruchtbares falsum erweisen, als dynamische Realität und schöpferische Gestalter von Leben und Geschichte. Die Wahrheit habe wie das Individuum ihren Wert verloren; wie zwischen Individuum und Gemeinschaft, so öffne sich eine Kluft zwischen Wahrheit und Leben, und die

Unvereinbarkeit von Wahrheit und Gemeinschaft verlange vom einzelnen die Bereitschaft zum sacrificium intellectus. Wahrheit, Wissenschaft und Vernunft müßten sich um der Gemeinschaft willen selbst verleugnen, es sei von ihnen gefordert, im Volksempfinden zu ruhen und das fruchtbare falsum zu respektieren. Die bürgerliche Gesellschaftsordnung werde unter den neuen Mythen zusammenbrechen. Die Menschheit raffe sich von der Verweichlichung, in die bürgerliche Humanität sie geführt habe, auf und befinde sich zum gegenwärtigen Zeitpunkt im Zustand instinktiven Sich-in-Form-Bringens „für harte und finstere, der Humanität spottende Läufte, für ein Zeitalter umfassender Kriege und Revolutionen" (370).

5.4
„Die völlig unbürgerliche Aventüre"

Während der Arbeit an Kap. XXIII schreibt Th. Mann: „Der Faustus ist augenblicklich in eine Phase des Gesellschaftsromans getreten. Er spielt jetzt in München, und ich krame in meinen gesellschaftlichen Erinnerungen an das München von 1910"[76]. Der Künstlerroman zweigt einen Gesellschaftsroman ab, als Leverkühn im Herbst 1910 nach München zieht und sich bei der Senatorswitwe Rodde einmietet, wo er wie ein „Haussohn" gehalten und von den beiden Töchtern sehr geschätzt wird. Ines und Clarissa Rodde sind Leverkühns Schwestern im Schicksal von Existenzverwirrung und Katastrophe.[77] Von Ines heißt es, sie sei „auf eine geheimnisvoll-tödliche Weise handelnd" (285) mit Leben und Schicksal Leverkühns verknüpft. Dies ist eine Anspielung auf die kausale Verbindung, die durch die Teilhabe Rudi Schwerdtfegers an beider Leben zustande kommt: Er ist Verführer beider, wird von beiden zum Handeln gegen seine Neigung aufgefordert, verrät beide, sucht sich in den ihm wesensfremden Ehestand zu retten und bezahlt dafür mit dem Leben.

Die Roddes repräsentieren entwurzeltes Bürgertum. Die Entwurzelung begann mit dem Tod des Familienoberhaupts. Darauf folgte finanzielle Verschlechterung, und in Frau Rodde regte sich eine unter den Pflichten des Bremer Patrizierhaushalts nie befriedigte Lebenslust, weshalb die Familie in das menschlich wärmere München umsiedelte. Dieser Schritt bedeutet den irreversiblen

Austritt der Roddes aus der Geborgenheit des Bürgerlichen. Ungesichertheit und Existenzverwirrung machen sie von da an anfällig für das Dämonische, das in der erotischen Sphäre von ihnen Besitz ergreift.

Für Frau Rodde ist der Ausbruch ins Abenteuerliche nur ein Nachspiel. Sie richtet sich eine etwas zweifelhafte, aber doch stubenreine Geselligkeit ein, in der sie bei nie zu weitgehenden Frivolitäten, deren Meister Rudi Schwerdtfeger ist, auf ihre Kosten kommt.1915 schon zieht sie nach Pfeiffering, nachdem die Töchter, die den Vorwand für die Geselligkeit abgegeben hatten, das Haus verlassen haben; dies trifft glücklich mit dem wahren Grund für ihren Rückzug aufs Land zusammen. Frau Rodde kann ihre Zahnlücken und den Haarausfall nicht mehr verbergen und schämt sich ihrer zu sehr, um das frivole Geselligkeitsspiel weiter mitspielen zu können. Die Katastrophe bleibt bei ihr aus, weil sie – wie Zeitblom – zu den zwar angeschlagenen, aber nicht fatal gefährdeten Charakteren gehört und noch sicher genug im Hergebrachten ruht. Anders ihre Töchter. Sie streben aus dem hybriden Zustand zwischen prätendierter Bohème und Resten patrizischer Bürgerlichkeit im Hause ihrer Mutter in verschiedenen Richtungen fort: „die stolze Clarissa hinaus in ein entschiedenes Künstlertum, zu dem es ihr doch an der rechten Blutsberufung fehlte; die fein-melancholische und von Grund aus lebensängstliche Ines dagegen zurück in das Obdach, den seelischen Schutz gesicherten Bürgerstandes.“ (286) Clarissa wird Schauspielerin. Ihre Erfolglosigkeit im Beruf kompensiert sie, indem sie die Schauspielerin außerhalb des Theaters mit einer „mißverständlichen Selbstinszenierung“ (380) betont, die im Widerspruch zu ihrem kühlen, vornehmen Wesen steht. Ein Fehltritt mit einem routinierten Verführer wird ihr zum Verhängnis, als sich endlich die Möglichkeit einer ihr gemäßen Ehe auftut. Am Leben gescheitert und mit gebrochenem Stolz, begeht sie Selbstmord. Gesellschaftliche Umstände bedingen ihre Existenzverwirrung und die Katastrophe, zu der es kommt, weil der Verführer ihre gesellschaftliche Notlage benutzt, um sie in den Tod zu treiben, und ihr Bräutigam, in Vorstellungen bürgerlicher Wohlanständigkeit befangen, die Lage nicht durchschaut und sich von ihr lossagt. Clarissa ist Leverkühns Schwester, insoweit auch sein Schicksal zeitbedingt ist. Sie flieht in den Selbstmord, weil sie nicht weiter weiß, und „daß alles zu schwer worden ist und Gottes armer Mensch nicht mehr aus und ein weiß in seiner Not, das ist wohl Schuld der Zeit" (499).

Leverkühns Pendant im Bereich des Bürgerlichen ist Ines. Sie lebt „im Protest gegen die Entwurzelung" und ist „rückwärtsgewandt mit Betonung zum Alten, Väterlichen, Bürgerlich-Strengen und Würdigen" (197). Sie ist beherrscht von Lebensangst und deshalb perfektionistisch. Die Kombination von Lebensangst und Lebenshunger, Intellektualität und Sinnlichkeit, egozentrischer Erlebnisweise und Eingeengtsein in die gesellschaftliche Rolle der Frau, dazu ihre Exzentrizität, die in dem Drang liegt, „Gefühl und Leben ernstlich zu erreichen", es geistig zu durchdringen und in Sprache „aufgehen zu lassen", bedingen ihre Disposition zum Dämonischen. Aus Sicherheitsbedürfnis heiratet sie Helmut Institoris, aus Sinnlichkeit klammert sie sich an Schwerdtfeger, und sie kultiviert dieses Verhältnis um der Lust willen, die sie am Artikulieren ihres leidvollen, schwierigen Welterlebens hat. Ines muß das Unvereinbare geistig vereinbaren und vereinbart erleben, um das Gefühl der Geborgenheit zu empfinden, das die höchste Lust der Lebensängstlichen ist. Wenn die Wirklichkeit ihre paradoxen Projektionen sprengt, flieht sie in den Morphiumrausch.

Helmut Institoris ist ein „die ‚brutalen Instinkte' vergötternder Schwachmatikus" (292). Sein Vermögen und seine Stellung garantieren Ines die erstrebte Sicherheit in einem soliden bürgerlichen Haushalt, für die sie den unattraktiven Mann in Kauf nimmt. Aber das ist nur die psychologische Verkleidung der abstrakten Beziehungen, die das Ines-Geschehen versinnbildlicht. Institoris und Ines sind ein echtes Paar, insofern sie in ihrer „theoretischen Lebensstimmung" exemplarisch diametral sind. Zusammen personifizieren sie den „Gegensatz zwischen Ästhetik und Moral, der die kulturelle Dialektik jener Epoche beherrschte" (289). „Ästhetik und Moral" ist eine der Umschreibungen für zwei einander extrem entgegengesetzte Bewußtseinslagen. Während Ines keinen Unterschied macht zwischen Vorstellung und Wirklichkeit, verkörpert Institoris die strikte Trennung zwischen beiden. In seinem Bewußtsein haben Weltanschauung (er verherrlicht die vitale Kraft) und persönliches Leben (er ist mickrig, zage und pimplig) nichts miteinander zu tun, geraten daher auch nie in Konflikt. Das skandalöse Verhalten seiner Frau kann Institoris nicht begreifen, obwohl sie nur lebt, was er propagiert.

Die Eheschließung zwischen Institoris und Ines ist die explosive chymische Vermählung von „Ästhetik und Moral". Sie verursacht keine Veränderung in Institoris, dessen „blutloser Intellektualismus" als Katalysator wirkt. Doch er ist insofern betroffen, als seine Weltanschauung in Ines wirksam wird und durch sie Realitäten schafft, die auf sein Leben zurückschlagen. Hinter der Verwandlung der zarten Ines Rodde in die sich brutal durchsetzende Ines Institoris steht der Gedanke, daß die „Fabeln, Wahnbilder, Hirngespinste" der einen zu „dynamischen Realitäten" (366) der anderen werden können. In der Lust- und Leidphilosophie von Ines, die sie zum Mittelpunkt einer Jüngerschaft morphiumsüchtiger Frauen macht, sind Schopenhauer und Nietzsche zitiert in Form einer sektiererischen Lebensphilosophie zur Apotheose von Laster und Rausch.

Der andere Partner im Dreiecksverhältnis, Rudi Schwerdtfeger, ist ein „Flatterer" (Schmetterling und englisch für Schmeichler), ein Flirt und virtuoser Künstler, oberflächlich, extrovertiert, nett und liebenswürdig, ein Meister im gesellig erotischen Spiel und in der Erfüllung von Kavalierspflichten, für jeden zu haben und von jedem nehmend, immer dem der Nächste, in dessen Nähe er ist. In der Rodde-Sphäre repräsentiert er das gesellige Leben, in der Leverkühn-Sphäre das Virtuosentum, beides Variationen des Weltmotivs. Das gesellige Leben funktioniert vermöge der Eigenschaften, aus denen die Figur Schwerdtfegers aufgebaut ist. Seine Zutraulichkeit bricht das Eis bei Leverkühn und Ines, denn er hat keine Witterung für deren Apartheit und Ich-Gebundenheit. Darin, wie er beide in die Gemeinschaft einbezieht, gewinnt er Bedeutung für sie.[78]

Es gehört zu den Leitsätzen des *Faustus*, daß die „Passion ... dem absolut Verdächtigen" (243) gelte. Die Passion der Lebensängstlichen und Ernsten gilt gerade dem, der die Verdächtigkeit und Unzuverlässigkeit des Lebens und die „Frivolität des Gesellschaftsfestes" (334) vertritt. Ines überläßt sich ihr gegen alle Vernunft. In der gesellschaftlichen Sphäre ist ihr Verhältnis mit Schwerdtfeger der fortgesetzte Ehebruch einer unbefriedigten Frau mit einem galanten Kavalier, vergleichbar, wenn auch anders gelagert, mit dem Verhältnis zwischen Effi (Briest) Instetten und Major Crampas. In der Allegorie jedoch ist es eine Verkörperung des Durchbruchs. „Unter der Decke bürgerlicher Untadeligkeit“ (331) wird Ines zur emanzipiert liebenden Frau. Sie verführt Schwerdtfeger und hält ihn, der immer aus dieser Liaison fortstrebt, jahrelang fest. Ihre Emanzipation ist freilich ‚rückschlägig‘. Zwar durchbricht Ines bürgerliche Gesittung und folgt ihrem sexuellen Trieb ohne Rücksicht auf ihre Familie und die Meinung der Umwelt, aber sie will der freien Liebe den Charakter ehelicher Unverbrüchlichkeit geben. Sie will paradoxerweise den Flirt zu hingebungsvoller Liebe wandeln. Ihre Sehnsucht richtet sich auf das, was sie haßt, weil es ihrem Wesen entgegengesetzt ist.

Das Verhältnis zwischen Ines und Schwerdtfeger veranschaulicht den zum Scheitern verurteilten Versuch des einsamen Ich, die Verbindung zur Welt (hier: Geselligkeit) in einer seinem Wesen gemäßen Weise herzustellen. Ines besitzt dessen charakteristische Merkmale: Verachtung der Banalität des geselligen Lebens, Wissen, Leidensbewußtsein und Angst, das Verlangen nach Geborgenheit im Verbindlichen, das sich in der strengen Ordnung ihres Musterhaushalts, in dem kein Leben gedeiht, einen Ausweg schafft, die Überzeugung, das „Du mit der Menschheit“ (323) mit der Kraft des Geistes erzwingen zu können, und den Willen, „das Leichtfertige, ... Weltliche, das dennoch wahren ... Wert hat, an diesem seinem ernsten Werte festzuhalten, sein Stutzertum zum Ernst zu zwingen, das Lose zu besitzen ...“ (333). Sie verausgabt sich in der „Zähmung der Liebenswürdigkeit zur Liebe“ (334), ohne daß sich Schwerdtfeger oder sein Verhältnis zu ihr im geringsten wandeln. Es sind keine tiefen Werte in ihm, er selbst findet sich nicht wertlos, zumal er ein gefeierter Künstler und überall beliebt ist. Ines wird ihm lästig. Sie aber führt ihren imaginären Feldzug gegen die Unzuverlässigkeit der Welt weiter, den sie bei Schwerdtfegers Bemerkung „es sind schon so viele unglücklich“ (295), von der ihre Neigung datiert, begonnen hat. Das Morphium verhilft ihr zu der „unlauteren Steigerung“ ihres vergeistigten Welterlebens, und die Illusion, daß sie die Lust zu ernstem Wert wandeln könne, wird ihr zur höchsten Wahrheit. Dieser Wahn regiert ihr Leben, und sie realisiert ihn in einer grotesken Verwechslung von Illusion und Wirklichkeit. Als Schwerdtfeger sich mit Marie Godeau verlobt, wird sie hysterisch und vernichtet die Unzuverlässigkeit und Verdächtigkeit des Lebens, an der sie bis zur Unerträglichkeit gelitten hat, in ihrer physischen Erscheinungsform, indem sie Schwerdtfeger erschießt.

Die allegorische Befrachtung der Ines-Figur geht noch weiter. Die Mischung von Konservativismus, Melancholie, Todesneigung, revolutionärem Durchbruch bei gleichzeitiger Wiederbelebung eines Abgelebten, Innerlichkeit und Zartheit, Tiefe und Ernst des Gedankens zeigt sie auch als Vertreterin des Deutschen, wie es im *Faustus* und in *Deutschland und die Deutschen* beschrieben ist. Die Verwandlung ihres Wesens durch das Hinzutreten der Vitalitätsideologie ihres Mannes und ihr Verhältnis zu Schwerdtfeger ergeben ein Parallelbild zu dem katastrophal mythisierten Verhältnis Deutschlands zur Welt mit den Zügen, daß sie die Liebe zur Welt und die Sehnsucht nach Vereinigung mit ihr in Weltscheu und Weltverachtung kleiden infolge eines tiefen Weltungeschicks, daß es als erniedrigend abgelehnt wird, als Gleicher unter Gleichen im Konzert der Völker mitzuspielen, daß man von der Welt erwartet, sie werde sich zu ihrem Besten der Autorität des in genialem Philosophieren gereiften deutschen Geistes unterstellen, daß Deutschland den brachliegenden Wert in ihr herausbringen und sie läutern kann, daß Deutschland der höflichen, doch reservierten, mit sich selbst beschäftigten und sich solcher Hebung nicht bedürftig fühlenden Welt mit besitzergreifender Gebärde antwortet, der sich die Welt entzieht; durch die Schmach der Zurückweisung und die nun vollkommene „Ab- und Eingesperrtheit“ (308) steigert sich deutsches Sendungsbewußtsein zur „Hysterie“ und verschafft sich sein angemaßtes Recht mit blutiger Gewalt.

Es würde die Bezeichnung „Gesellschaftsroman“ für das Rodde-Geschehen diskreditieren, wenn es nichts anderes als die bürgerliche Einkleidung der Durchbruchstheorie wäre. Immerhin handelt es sich darin um ein systematisches Modell für einen auch bürgerlichen Bewußtseinsvorgang, und die stofflichen Einzelheiten sind der gesellschaftlichen Wirklichkeit entnommen. Das Rodde-Geschehen enthält Bilder bürgerlichen Lebens, die sich dem Leser als Referenzbilder einprägen können. Doch die Übernahme des Wirklichkeitsmaterials ist im *Faustus* grundsätzlich anders als im Gesellschaftsroman, der, wenn auch mit mehr oder weniger sozialkritischer Tendenz, reale gesellschaftliche Situationen abbilden will. Im *Faustus* umkleiden die stofflichen Einzelheiten das primäre gedankliche Gerüst gerade soweit es nötig ist, den Leser, der noch nicht eingeweiht ist in das System der

Beziehungen, nach deren Logik das scheinbar mimetische Geschehen tatsächlich abläuft, zu fesseln.

Zum Schluß sei noch auf einen spezifisch bürgerlichen Aspekt des im Rodde-Geschehen veranschaulichten Epochenendes hingewiesen. Das Bürgertum ist patriarchalisch, sowohl als soziale wie auch als geistige Lebensform. Der *Faustus* enthält auch den Roman vom Verfall des Patriarchats. Im Bürgertum wie im Deutschtum, von deren beider Niedergang der Roman handelt, ist das Männliche hypertrophiert. Das monoman Männliche verliert, nachdem es sich in die eisigen Höhen des sogenannten reinen Geistes verstiegen hat und zur Unnatur geworden ist, seine Kraft, sein Führungsanspruch verfällt, es wird für unmündig erklärt und der Vormundschaft des Weiblichen unterstellt, dem damit Genugtuung geschieht für „das entfremdet-geistesstrenge Weib, was habe ich mit dir zu schaffen!" (506)[79] Dies geschieht bei Leverkühn, als er in die Obhut der Mutter zurückkehrt, die seinen Weg von der Entscheidung für die Musik an nicht gebilligt hat, bei Deutschland mit dem Verlust des Mitspracherechts unter den Völkern und des Rechts, sich selbst zu regieren, und dies geschieht bei Ines mit der Einlieferung in polizeilichen Gewahrsam und danach in eine Anstalt.

Ines ist zwar eine Frau, aber sie erfährt ihr Frauenproblem in der Form männlicher Problematik, die im bürgerlichen Bewußtsein als menschliche Problematik schlechthin gilt. Zeitblom ist nur widerwillig ihr Vertrauter und mißbilligt ihr Verhalten. Das ist nicht allein mit moralischer Entrüstung und Mitgefühl für die Kinder dieser unmütterlichen Mutter zu erklären, die er direkt äußert. In indirekter Aussage wird deutlich, daß ihn an Ines abstößt, wie sie sich Männliches anmaßt. Die rücksichtslose Egozentrizität und den fordernden Subjektivismus, die er an Leverkühn bewundert, gesteht er Ines nicht zu. Willen, Todessehnsucht, Inspiration und Rausch, selbst Lebensangst sind im patriarchalischen Bewußtsein dem Mann vorbehalten. Zeitblom umgibt sie mit dem Nimbus reiner, vergeistigter Männlichkeit, den sie verlören, wenn sie sich gleichermaßen bei der Frau fänden. So verkleinert er z. B. Ines' Willen zu „Willelei" (330) und ihre Lebensangst zu „Lebensängstlichkeit" (328).

An Ines zeigt sich nun nicht die Vermännlichung des Weiblichen – sie ist alles andere als ein Mannweib –, sondern der Bankrott des bürgerlichen Patriarchats. In ihrer Umwelt fehlt der Patriarch und fehlen die partriarchalischen Qualitäten, in deren Ergänzung das weibliche Bewußtsein existiert. So übernimmt sie beide Rollen, ohne damit etwa patriarchalische Gesichertheit wiederherzustellen oder gar eine matriarchalische Ordnung durchzusetzen.[80] Unter dem Schutz korrekter Bürgerlichkeit zerbricht Ines, ohne dies zu beabsichtigen, ein bürgerliches Tabu nach dem anderen, wohlgemerkt, nicht aus matriarchalischem, sondern aus einem verstörten patriarchalischen Bewußtsein heraus. Wie es dem Eheverhalten des Mannes eigentümlich ist, wählt sie ihren rechtlichen Ehepartner um eines geordneten Haushalts willen und hält sich einen Gatten zur Linken für die Liebe. Ihre Liebe ist nicht dienend, sondern fordernd. Sie liebt um ihrer Selbstverwirklichung willen, sie will den Geliebten nach ihrem Bilde umformen, und er soll sich ihren Bedürfnissen anpassen. Aus der Bezwingung des Geliebten, aus der Unterordnung des Du unter das Ich, zieht sie den höchsten Genuß[81]. Was dem patriarchalischen weiblichen Bewußtsein, das sich seiner selbst darin inne wird, daß es im Du aufgeht, nicht möglich ist, wird ihrem Liebeserlebnis zur Krönung, nämlich die künstlerisch-sprachliche Artikulation ihres subjektiven Gefühls. Es ist auch ein dem männlichen Bewußtsein zugesprochener Denkvorgang, daß sie die Wahrnehmung ihrer Triebhaftigkeit und die Morphiumsucht in philosophische Abstraktionen umsetzt. Analog zu Leverkühns Selbstverständnis wandelt sich auch für sie ihr privates, exzentrisches Leben zu einem menschlichen Opfergang. Um das Gesagte zusammenzufassen, Ines übernimmt nicht die patriarchalischen Tugenden, die mit den bürgerlichen Tugenden aus *Lübeck als geistige Lebensform* identisch sind, sondern deren durch den Verlust des Humanitätsprinzips bewirkte Verkehrung oder Begleiterscheinungen. An ihr ist nicht die Übernahme des Weiblichen demonstriert, die mit der Heimholung Leverkühns durch die Mutter sowie im Aufsteigen alter Mythen angedeutet ist, sondern die Aushöhlung des bürgerlichen Patriarchats.

6
Roman des Werkens

Man kann das „Lebensbuch" Th. Manns aus vielen Perspektiven verstehen, weil es aus vielen Perspektiven geschrieben ist: Es ist ein Zeitroman, ein historischer Roman, ein Gesellschaftsroman, ein Künstlerroman, ein Bildungsroman[82]; es ist Faust-Roman, Nietzsche-Roman, Teufelsroman, Roman Deutschlands und von Deutschlands Katastrophe, Roman vom Verfall des Bürgerlichen, Roman vom Ende einer Epoche und nicht zuletzt ein ‚Roman des Werkens'. Die Technik der Darstellung steht mindestens gleichberechtigt neben ihren Inhalten.

Das Bewußtmachen der künstlerischen Mittel findet sich überall in Th. Manns Werk und ist Teil seiner grundsätzlich skeptischen Einstellung zum Denken und Dichten. So heißt es etwa in *Lotte in Weimar:* „Denken die Denker doch über das Denken, – wie sollte der Werkende nicht über den Werker denken, wenn wieder Werk daraus wird." Während Th. Mann mit der Darstellung realer Lebensbereiche gewissermaßen seine Bürgerpflicht erfüllt, gilt sein eigentliches Interesse der Tätigkeit des Geistes und der Rechtfertigung künstlerischer Produktion. Dem liegt die Überzeugung zugrunde, daß „Wirklichkeit als Vorstellung" im Sinne Schopenhauers „nur in den Formen des Bewußtseins existiert, an die sie gebunden ist. Künstlerische Tätigkeit bedeutet die Steigerung des Wirklichen" (als Vorstellung) „zu höheren Graden der Klarheit"[83], d.h. zu immer höheren Stufen der Reflexion über sich selbst und mehr noch zu ständiger Korrektur des mit den Zeiten wechselnden Wahrheitsbegriffs, an dem sie sich auszurichten hat. Die Tendenz zur Reflexionssteigerung unterscheidet sich von derjenigen der Romantiker – die im *Faustus* als gefährliche Illusion des selbstgenügsamen Geistes fungiert – grundsätzlich dadurch, daß sie dem Interesse an der Wechselwirkung zwischen ‚Wirklichkeit als Vorstellung' und ‚Wirklichkeit des Lebens' (subjektiver und objektiver Wirklichkeit) entspringt. Der moderne Künstler produziert in gespannter Wachsamkeit gegen das Eindringen von Vorstellungsklischees, die Wahrheiten der Vergangenheit sind und ihm den Blick auf die Welt, wie er sie zur Zeit der Produktion sehen kann, verstellen, und er komponiert sein Werk in vollem Bewußtsein seiner möglichen Rückwirkung auf das Leben. Da der Stoff des *Faustus* denkbar heikel ist, macht eine weitgetriebene Objektivierung der Darstellungsmittel die Künstlichkeit des Dargestellten zum Thema und beugt damit unvorhersehbaren Wirkungen vor.[84]

6.1
Reihentechnik und Motivgefüge

Nicht von ungefähr hat sich die Literatur über Th. Mann darauf kapriziert, in seinen Gestaltungsmitteln musikalische Techniken nachzuweisen.[85] Th. Mann hat dazu angeregt, so wenn er in den *Betrachtungen* schreibt: „Was ich machte, meine Kunstarbeiten, urteilt darüber wie ihr wollt und müßt, aber gute Partituren waren sie immer." Zum *Faustus* hat er angedeutet, er sei nach der Reihentechnik konstruiert (s. Anm. 41). Es sei deshalb versucht, zu prüfen, inwieweit das zutrifft.

Die Vorschriften zur Reihentechnik zielen auf eine rigorose und umfassende Ordnung des Tonmaterials. Die Komposition in Reihen zu zwölf Tönen baut sich auf einer Grundgestalt auf; ihre Intervallverhältnisse sind für ihre Modifikationen maßgebend. Die zulässigen Modifikationen (der Krebs, bei dem die Reihe von rückwärts gelesen wird, die Umkehrung, bei der die Intervalle durch die in der Gegenrichtung ersetzt werden, der Krebs der Umkehrung) stellen sicher, daß die Intervallverhältnisse nicht verändert werden. Da in der Zwölftonmusik alle Töne gleichrangig sind und miteinander Tonfolgen bilden können, gewährleistet einzig die Beibehaltung der Intervallbeziehungen die Ordnung der Komposition. Damit sie vollkommen sei, muß die Reihe das gesamte Tonmaterial enthalten, denn da in ihr jeder Ton seinen Stellenwert hat, kann sich die Variation nicht frei, sondern nur innerhalb des vorab gültigen Beziehungssystems entfalten. Dieses herrscht sowohl in der Horizontalen wie in der Vertikalen. (Leverkühn spricht im Zusammenhang mit einer so durchorganisierten Komposition von der Konstellation, die den strengen Satz ermögliche.) Kein Ton darf außerhalb der Reihe wiederholt werden, damit keiner dominiert und sich zum Bezugspunkt für die anderen Töne (vgl. den Grundton im tonalen Akkord) entwickelt. Die Grundgestalt ist eine von 48 möglichen Gestalten; meist steht sie am Anfang; jede Reihe soll nur einmal in der Komposition vorkommen und die jeweils vorhergehende modifizieren.

Die Ordnung der Komposition beruht auf Voraussetzungen, die der Musik eigen sind: der Möglichkeit, ihr gesamtes Material in einer Tonfigur unterzubringen und diese mit mathematischer Gesetzmäßigkeit abzuwandeln. Den Forderungen der Reihe würde eine Erzählung entsprechen, die den gesamten Bestand einer Texteinheit in der beschriebenen Weise wiederholte. Die sprachlichen und erzähltechnischen Schwierigkeiten, die dabei entstünden, könnte ein Roman von Anlage und Umfang des *Faustus* nicht meistern.

Da es im Sprachkunstwerk kein Äquivalent zum Ton gibt, läßt sich von einer Verwendung musikalischer Techniken immer nur annäherungsweise sprechen. Um auf der von Th. Mann genannten Basis einen Vergleich in Gang zu bringen, könnte man den Motivbestand eines Kapitels als Äquivalent der Reihe betrachten. Motive und Intervalle sind darin vergleichbar, daß sie verschiedenen Stoffen gleiche Prägung geben. Wenn „jede gesonderte Teil-Einheit eines Werkes" (72), als welche Zeitblom die Kapitel bezeichnet, aus gleichen oder – nimmt man sich die Freiheit, die Umkehrung so zu übersetzen – streng kontrastierenden Motiven bestünde, könnte man in der Tat von einem im Sinne der Zwölftonmusik strengen Aufbau sprechen.

Dem Vergleich liegen die ersten drei Kapitel des Romans zugrunde. Mit der Beschreibung der Erzählsituation, einer Betrachtung über das „Genie und seine jedenfalls dämonisch beeinflußte Natur" (9) und einer Skizze, mit der das „exemplarisch undämonische Mittel" (EDF, 164) der Erzählung Profil gewinnt, führt Kap. I die Motive *Einsamkeit* („Geheimnisse unserer Einsamkeit", „Ich möchte seine Einsamkeit einem Abgrund vergleichen"), *Wahnsinn* („aus tiefer Nacht in die tiefste gegangen"), *Verdammnis* („meines in Gott ruhenden – o möge es so sein! – unglücklichen Freundes"), *Krankheit* und *Intoxikation* („sünd- und krankhaften Brand natürlicher Gaben"), *Pakt* („Ausübung eines gräßlichen Kaufvertrages"), *„‚unlautere' Steigerung"*, *Liebesverbot* („Wen hätte dieser Mann gliebt?") und *„Kälte"* ein. Das Paktmotiv ist unter den Gesichtspunkten Disposition, Preis, Strafe, Lohn und Bedingung der Bezugspol für die übrigen Motive. Schon daß ein Motiv solchermaßen im Mittelpunkt steht, widerspricht dem Prinzip der Reihenstruktur.

Kap. II befaßt sich mit den Lebensumständen Zeitbloms und

gibt ein Porträt von ihm, dem die Betrachtungen über das dämonisch inspirierte Genie zur Folie dienen. Unter dem Gedanken der „sittliche(n) Einfügung ins Menschenleben" (13) beschreibt es ein Leben fern der dämonischen Sphäre. Dementsprechend fehlen, mit Ausnahme des Einsamkeitsmotivs, die dem Paktmotiv zugehörigen Motive. Einige davon sind jedoch in Umkehrung anwesend: einander kontrastierend entsprechen sich Ehe und Liebesverbot, Vernunftwürde und Teufelspakt, Maß und Steigerung, Nüchternheit und Intoxikation. Die mit Zeitblom einhergehenden Motive verweisen auf die Idee der Mitte, die in Kap. I mit dem Persönlichkeitsprofil Zeitbloms (7) der Idee des Dämonischen gegenübersteht. Mit der Charakteristik der Reformation taucht in Kap. II zum ersten Mal das Motiv der Rückneigung auf. Die Züge, die Zeitbloms Verhältnis zu Leverkühn konstituieren, weisen von Kap. I auf Kap. III. Dieses kontrastiert mit Kap. II als Darstellung von Leverkühns geistiger „Ursprungslandschaft".

Kap. III beschreibt die Stätte von Leverkühns Kindheit mit Zügen, die den Gegensatz zwischen Held und Erzähler konkret unterbauen. Es handelt von den für den Pakt günstigen Vorbedingungen und der Versuchung dazu. An zentraler Stelle steht deshalb das Motiv des Spekulierens. Das Paktmotiv selbst ist ausgespart. Formbestimmend für Kap. III ist der zu seinem Thema erweiterte Gedanke der Ambivalenz, der, will man eine musikalische Analogie, eine Durchführung erfährt: „Zweideutige" Naturerscheinungen, wie die ‚Chiffrenschrift' der Muscheln, die osmotischen Gewächse oder die Eisblumen, veranschaulichen ihn. Jonathan suggeriert, daß sich hier das Geistige in der Natur – Zeitblom bezeichnet sie im Protest dagegen als „illiterat" – offenbare und das Anorganische im Organischen dilettiere. Der Gedanke der Ambivalenz bestimmt auch den Stellenwert der wiederkehrenden Motive Einsamkeit, Kälte und Rückneigung: Die schöne Weltabgeschiedenheit von Buchel und die ehrfürchtige Bewahrung des Alten reihen sich an die Erscheinungen des Zweideutigen an, denn ihre Kehrseite wird in dem Maße offenbar, wie sich Buchels Herr, der biedere Landmann, als Spekulierer entpuppt. Das Kältemotiv, das Th. Mann zu den Hauptmotiven rechnet, ist mit den Eisblumen und den osmotischen Gewächsen wieder aufgenommen. Einen Verweis auf das Intoxikationsmotiv geben die giftigen Insekten und Muscheln giftiger Schnecken.

Die Anordnung der Motive um ein gedankliches Zentrum ist für jedes Kapitel des Romans charakteristisch. Sie entspricht dem Prinzip der tonalen Musik, die Töne aus dem Hauptakkord abzuleiten.

Während in der Reihenmusik die gleiche Konstellation die Identität der Komposition gewährleistet, sind im *Faustus* – wie es Friedrich Schlegel für die romantische Kunst fordert – „alle Teile" dessen, „was ein Ganzes ... sein soll", „ähnlich organisiert"[86]. Neben Motivwiederholungen sind es so bewährte epische Techniken wie Vorausdeutungen und Rückverweise, die die Teile der Komposition verbinden oder aufeinander beziehen: Die Prostituierte, benannt nach dem Schmetterling Hetaera esmeralda, warnt Leverkühn vor ihrem vergifteten Körper, so wie die Prunkschmetterlinge ihre Verfolger warnen und zugleich locken. Im Bild des Schmetterlings, der die Puppe sprengt, spricht Leverkühn von seinem Durchbruch. Das Experiment mit den osmotischen Gewächsen führt das Motiv von der falschen und dennoch wirksamen Gestalt ein. Osmotischer Druck, so der Teufel im Paktgespräch, habe das Gift ins Gehirn befördert und die chemische Veränderung bewirkt, die Leverkühn schöpferisch mache und ihn zum Durchbruch befähige. Über sein Werk erfährt Leverkühn, er werde osmotische Gewächse züchten.

Der Reihenmusik diametral entgegengesetzt ist die Methode, aus einer beschränkten Zahl stofflicher Elemente verschiedene Situationen aufzubauen und so zwischen den Teilen der Komposition Identität zu stiften. Bei der Anordnung dieser Elemente herrscht die Freiheit, jede nur erdenkliche Kombination vorzunehmen. Um dies an Tönen zu erläutern: In der Reihe ist die Folge dfa mit egh durch das Intervallverhältnis identisch, in der hier gemeinten Organisation des Stoffes besteht Identität zwischen dfa und fad usf. Das Verfahren, ein Mosaik aus vorhandenen Bauelementen neu zusammenzusetzen, ist eine Spielart der Leitmotivtechnik, insofern dabei kleinste Stoffteile, die weder die Verweiskraft noch die Formung des Leitmotivs zu haben brauchen, an dessen Funktion partizipieren. Am Aufbau der Teufelsfiguren und -szenen sei das erläutert:

Der Hallenser Theologe Schleppfuß ist zugleich Propagandist des Bösen und Verführer, wenn er in seinen Vorlesungen beweist, daß sich die Willensfreiheit im Sündigen verwirkliche. Dem

„Zerstörer“ verleiht er „psychologische Wirklichkeit“ (101) darin, wie er das Geschlechtliche mit dem Dämonischen in Verbindung bringt. Sein Kollege ist das „Beispiel“ dafür, daß die Theologie dazu neige, zur Dämonologie zu werden. Die Gesinnungssphäre, die er vertritt und die sich in seinem Namen kundtut, macht seine Merkmale zu Attributen des Teuflischen und Dämonischen, und so fungiert er als deren Referenzfigur. Er trägt einen Schlapphut und einen schwarzen Umhang, der mit einem Metallkettchen geschlossen ist. Er doziert „irgendwo seitlich halb sitzend an ein Geländer gelehnt, die Spitze der Finger bei gespreizten Daumen im Schoße verschränkt“, ist kaum mittelgroß und „leibarm“, spricht „frei, distinkt, mühe- und pausenlos, ... in leicht ironisch gefärbten Wendungen“ (101), sein geteiltes Kinnbärtchen bewegt sich beim Sprechen auf und ab, sein Schnurrbärtchen ist spitz gedreht, er hat splittrig-scharfe Zähne. Wie er von irgendwoher auftaucht, so verschwindet er plötzlich, ohne daß man weiß wohin. Mit Schleppfuß’ Redensart „(Ihr) ganz ergebener Diener“ leitet Leverkühn seinen Bericht über den Bordellbesuch ein. Der „Dienstmann“, der ihn „irreführte“ (141), sieht Schleppfuß ähnlich, ist aber stärker als dieser, nämlich „von der Gose“ (142), weshalb Zeitblom ihn „Gose-Schleppfuß“ (146) nennt, was in seiner Analyse des Briefs durch phonetischen Anklang zu dem der Gosse verfallenen physischen Teil der Dirne führt. Er redet „teuflisch ... wie alle Welt dahier mit gesträubtem Unterkiefer“ (141), hat ein Bärtchen, trägt einen Wetterumhang und eine rote Mütze mit Messingschild. Nachdem er Leverkühn in eine „Lusthölle“ geführt hat, „macht (er) sich abwegs“. Leverkühn steht da und verbirgt „seine Affecten“. Zum Bordell führt eine Treppe mit einem Geländer aus Messing, „just so blitzend“ wie des Dienstmanns Mützenschild. Das Gewerbezeichen, die rote Lampe, ist „just so rot wie die Mütze des Kerls“. Die Madam hat „rosinfarbene Backen“ und „einen Rosenkranz wachsfarbener Perlen auf ihrem Speck“ (142). Die Prostituierten erinnern Leverkühn in ihrer durchsichtigen Nacktheit an Jonathans Glasflügler. Ihre Augen „gleißen“ vom Schein des „Lüsters“ (143), an ihren nackten Armen tragen sie Spangen. Verwirrt flieht Leverkühn zuerst zum Klavier und dann ins Freie. – Gibt es in der Bordellepisode noch erklärende Hinweise auf den Zusammenhang, so verrät in der Ärzteepisode lediglich die stoffliche Ausstattung, daß die Ärzte, die Leverkühn nach der Ansteckung aufsucht, Emissäre des Teufels sind. Erst der Teufel erklärt Leverkühn, daß ihre Therapie die Krankheit auf den richtigen Weg gelenkt habe. Die Requisiten der Ärzteepisoden verweisen hauptsächlich auf die Bordellepisode zurück. Beide Ärzte verschwinden plötzlich und unter ungeklärten Umständen. Dr. Erasmi ist, wie der Fremdenführer, ein „gewichtiger" (156) Mann. Er hat ein rotes Gesicht, einen schwarzen Spitzbart (eine Kombination von Schleppfuß- und Fremdenführerattributen), er wohnt in einem düsteren Haus in der Altstadt. (Das Bordell liegt in einer Gasse hinter der Hauptstraße.) Stets muß Leverkühn schellen, darauf öffnet ihm eine Magd, bei seinem letzten Besuch aber steht die Tür weit offen. (Leverkühn schellt am Eingang zum Bordell, die Tür öffnet sich von selbst, eine geputzte Madam kommt ihm entgegen.) Er findet den Leichnam des Arztes in dessen Wohnzimmer aufgebahrt, und es heißt, es sei niemals klargeworden, welch sonderbarer Augenblick Leverkühn zur Stelle geführt habe. (Leverkühn findet „wie geführt" in Leipzig sein Domizil.) Verwirrt steigt er die Treppe hinab. Dr. Zimbalist (sein Name klingt an das „Klavizimbel" in Leverkühns Studentenbude an) wohnt nahe dem Marktplatz in einem Haus, das ein Klavierlager und ein Restaurant beherbergt. (Leverkühn wollte in ein Gasthaus, nicht in ein Bordell geführt werden.) Er ist ein kleiner Mann mit Hornbrille, hat rötliches Haar, ein Schnurrbärtchen, wie es „später zum Attribut einer welthistorischen Maske werden sollte" (157). Er redet salopp und männerwitzig (die vergröberte Form von Schleppfuß' ironischer Redeweise), ein nervöses Zucken seiner Wange (vgl. die nach der Berührung durch die Dirne brennende Wange Leverkühns) erweckt den Eindruck, als zwinkere er mit dem Auge. (Der Fremdenführer fragt blinzelnd nach Leverkühns Wunsch.) Leverkühn begegnet dem verhafteten Zimbalist auf der Treppe; sein Handgelenk ist mit Spange und Kettchen mit der Hand seines Begleiters verbunden. Verdutzt sieht Leverkühn zu, wie sie rasch davonfahren.

Die realistisch wirkende Beschreibung der Einzelheiten von Umgebung, Situation und Personen ist also nur scheinbar Wiedergabe beobachteter Wirklichkeit. Die in gleicher oder abgewandelter Form wiederkehrenden physiognomischen Merkmale der Personen und Details ihrer Kleidung sowie beider Verkettung (Metallkettchen, blitzendes Messingschild, gleißende Augen der Prostituierten) stellen Zusammengehörigkeit her. Die vorherrschende Farbe wechselt von schwarz zu rot zu schwarz. Das Klavierlager und das Restaurant im Hause von Dr. Zimbalist sind für das Geschehen ohne Bedeutung und blieben stumpf, wenn es nicht darum ginge, untergründige Beziehungen zu erstellen. Im Teufelsgespräch werden die hier eingeführten Züge in neuem Arrangement verwendet. Je nach dem Thema des Gesprächs wechselt der Teufel die Gestalt: Ist von der Verschreibung und der Krankheit die Rede, wandelt er sich zum Zuhälter, dem Züge der Ärzte beigemischt sind, beim Thema Musik zu einem Intelligenzler mit Hornbrille, spricht er über theologische Fragen, so sieht er Schleppfuß ähnlich. – Wie diese Verkettung durch stoffliche Details, so dient auch die literarische Methode des Leitmotivs dazu, die „Identität bei fließender Erscheinung" (239) festzuhalten.

6.2 Das Leitmotiv

Das Leitmotiv ist ein aus der musikalischen in die epische Technik übertragenes Mittel, das in allen Werken Th. Manns eine hervorragende Rolle spielt. Im *Faustus* hat es besonders viele Funktionen; es ist hier nicht nur musikalisch verweisend, sondern auch inhaltsstiftend, und ist deshalb unter dem Gesichtspunkt der Entmythisierung selbst Gegenstand des Erzählens.[87]

Das Leitmotiv tritt zunächst als äußeres Merkmal einer Person auf, ihrer Physiognomie (Clarissas kleines Kinn), Mimik (Schwerdtfegers bohrender Blick), Gestik (Zeitbloms zitternde Hand), Sprechweise (Kretzschmars Stottern), ihres Gesamtverhaltens (Leverkühns Lachen) oder als eine charakteristische Redensart (Schleppfuß' „Ihr ganz ergebener Diener"). Da es einen Zug akzentuiert, der einer Person eigentümlich ist, fungiert es als Erkennungszeichen für sie. Der Veränderlichkeit des Zuges entspricht seine Variationsbreite. Die einzelnen Variationen indizieren Grade der Wesensverwandlung (schelmisches Lächeln, schalkhaftes Lächeln, Grimasse). Das eine Person begleitende Leitmotiv ist mit dem Bedeutungsbereich verkoppelt, den diese vertritt, und signalisiert dessen Anwesenheit (Ines' vorgestrecktes Hälschen die Spannung, unter der sie lebt). So gehandhabt, ist es ein „symbolisch anspielendes Formelwort" (GW, XI, 611). Signalisiert es einen übergreifenden Bedeutungsbereich, so kann es auf alle an diesem teilhabenden Personen übertragen werden. Seine durch den jeweiligen Träger bedingte Variation deutet dann auf einen besonderen Aspekt dieses Bereichs (Schwerdtfegers elbisches und Echos elfenhaftes Wesen).

Ist das Leitmotiv primär an den Bedeutungsbereich, auf den es verweist, gebunden, dann stiftet es Zusammenhänge zwischen den Figuren, an denen es auftritt. Das glatte, dunkle, straff gescheitelte Haar ist das Leitmotiv der „sorgenden Mutter", moduliert zu „Schwärze ihres Scheitels ..., der sich ... langsam versilberte, ... straff gezogen, so daß er spiegelte und die Teilungslinie über der Stirn die weiße Kopfhaut bloßlegte" (24f. Elsbeth Leverkühn), „kastanienbraun ... der silbrig durchwirkte, glatt und fest gezogene Scheitel" (212 Frau Manardi), „den braunen, nur leicht melierten Scheitel ... glatt und fest angezogen, so daß man die weiße Kopfhaut sah" (207 Else Schweigestill). Obwohl Frau Rodde Mutter ist, fehlt bei ihr das Leitmotiv der Mutter. Ihre Haartracht („das braune, zierlich gekräuselte Haar" [196]) sondert sie aus und weist auf das „Unerledigt-Menschliche im Wesen der Mutter" (197) hin. Der Lockenkopf ist ein Leitmotiv des erotisch Verführerischen (Esmeralda, Schwerdtfeger). Die gedrehten, gefärbten und sich lichtenden Haare deuten auf das Unangemessene und den Töchtern so Peinliche im Verhalten der Mutter, von der es heißt, daß sie mit Schwerdtfeger auf einem „das Mutter-Sohn-Verhältnis neckisch travestierenden Fuß" (324) stand.

Dem Leitmotiv ist die Wiederholung wesentlich. Da es mit jeder Wiederholung den ihm zugeordneten Bedeutungsbereich evoziert, macht es das Geschehen auf seinen Ideennexus hin transparent. Die Leitmotive fungieren somit als Wegweiser im Ideenbereich des Romans. Ihre Häufigkeit, Variationen und Kombinationen deuten auf dessen Hierarchie und die Komplexbildung darin. Kommen sie nur kurz und wenig verändert vor, so ist ihr Assoziationsradius klein. Die stehende Redensart von Kridwiß „Scho' enorm wischtisch" (364) ist mechanisch verwendet zur Etikettierung des Geistes, der die Gespräche in seinem Haus beherrscht. Das girrende Lachen von Frau Rodde bleibt als Signal für den besonderen Typ ihrer Salongeselligkeit im Gedächtnis haften. Leitmotivisch wiederkehrende Requisiten bilden kleine Gruppen, wie die rote Mütze oder die Schildmütze, die Verführern eignet (Fremdenführer, Schwerdtfeger). Das Leitmotiv der Augenfarbe gruppiert die Personen unter dem Gesichtspunkt ihres Verhältnisses zu Leverkühn (schwarz: Mutter, Marie Godeau; blau: Vater, Schwerdtfeger, Echo; braun: Ursula und Clementine; grau-blau-grün: Leverkühn und Schildknapp).

Das Leitmotiv des Errötens schließlich tritt bei vielen Personen und in vielen Situationen des Romans auf. Von großem Assoziationsreiz, ruft es Vorstellungen von Wärme, Hitze, Begeisterung, Verführung, Fieber, Blut, Erregung, Leidenschaft und Scham wach, das entgegengesetzte Leitmotiv des Erbleichens entsprechend solche von Kühle, Kälte, Blutlosigkeit, Starrheit, Entsetzen, Ernst und Leblosigkeit. Es stellen sich bei Erröten die gleichen Assoziationen ein wie bei der Wendung „sünd- und krankhafter Brand" (8), mit der die durch „frevlerische Vernunftverachtung" (175) und willentliche Infektion herbeigeführte unlautere Steigerung umschrieben ist. Das Leitmotiv des Errötens vergegenwärtigt den Motivkomplex der Teufelsverfallenheit. Wo immer es auftaucht, ist er in das Verständnis einzubeziehen, auch wenn das auf den ersten Blick sinnlos zu sein scheint. Es taucht bei Leverkühn auf, als er zum ersten Mal ein leidenschaftliches Interesse äußert, und zwar gleich in rascher Wiederholung: Er errötet, als er von dem Wahren der Musik, dem Vergnügen an Ordnungsbeziehungen und dem göttlichen Ursprung des Geordneten spricht, er errötet lachend, als Zeitblom ihn beim Auskundschaften der Klaviatur des Harmoniums ertappt, und hat erhitzte Wangen, als er die für seine Musik grundlegenden Gedanken äußert. Variationen von Erröten zeigen das Maß des Zukömmlichen in einer Erregung, deren Ursache die Reizung eines Begehrens ist: Es erscheint bei Marie als eine die Wange überhauchende „flüchtige Röte" (443), bei Ines in sonderbarerweise „nicht gleich wieder verschwindendem Erröten" (291), bei Leverkühn als eine „anwandlungshafte Röte" (360), bei Deutschland als „die Wangen hektisch gerötet" (510). Während ein errötendes Gesicht den oben genannten Bedeutungskomplex als seelischen Vorgang signalisiert, bedeutet ein rotes Gesicht, daß er in einem allegorischen Zusammenhang verkörpert ist. Ein rotes Gesicht haben Figuren, die als Medien des Teufels fungieren oder der Teufel selbst sind. Es kann auch auf einen vorübergehenden Zustand hinweisen, so wenn Zeitblom in der Kridwiß-Runde „einen roten Kopf beim Mitlachen“ (370) bekommt oder sich bei Ines hochrote Flecken auf den Wangen zeigen. Verbunden mit dem Erröten ist das Leitmotiv der heißen Wange, das handlungsaktiv wird, als Esmeralda Leverkühns Wange berührt und Zeitblom von der Vorstellung gepeinigt wird, „daß die Berührung ihres Fleisches ... seither auf der seinen brannte“ (148). Von genialen Einfällen sagt Leverkühn, sie hätten „heiße Backen“ (457). Ist das Leitmotiv der Röte auf Dinge übertragen, so erscheint die Teufelsverfallenheit im Bilde eines mechanischen Verlaufs auf das Ende zu: Spengler, der „Esmeraldus“, pflegt Rotwein zu trinken; das geschätzteste Spielzeug, das Leverkühn Echo schenkt, ist ein Glas mit rotem Wein, der nicht ausläuft, wenn man es umkehrt, ein Gegenbild zu dem ausrinnenden roten Sand der Sanduhr. Das Leitmotiv Rosa, eingeführt mit dem Violett-Rosa auf den Flügeln des Schmetterlings Hetaera esmeralda und den Muschelöffnungen, kündet den Bereich der Initiation im Erotischen an, dessen Sinnbild die Rose ist. In der Bordellszene ist es in den „rosinfarbenen Backen“ und dem „Rosenkranz“ (142) der Madam zu finden; in Leverkühns Werk in der dem Komplex gewidmeten Blake-Vertonung der Strophen von der Rose, „deren Leben von der dunklen Liebe des Wurms zerstört wird“ (165); die kleine Seejungfrau pflanzt eine „rosenrote Trauerweide“ (344) in den blauen Sand; Ursula Leverkühns erstes Kind heißt Rosa.

Da die musikalische Konstruktion das parodierend auflösende Gegengewicht zu dem ernsten stofflichen Inhalt des Romans bildet, gilt es, die rein formale Verwendung des Leitmotivs bewußt zu machen. Es geht dabei nicht darum, den Leser in die Technik der Romankunst einzuführen, sondern seine Aufmerksamkeit auf die Künstlichkeit und Konstruiertheit des scheinbar mimetischen Erzählens zu lenken. Die häufige Wiederholung des Leitmotivs reicht nicht aus, die Illusion erzählter Wirklichkeit zu zerstören, obwohl die Wiederkehr des Gleichen die Dimension der Zeit und damit diejenige, in der sich die Geschichte verwirklicht, in der Erzählung zu tilgen geeignet ist. Das Leitmotiv macht Zusammenhänge bewußt, nicht jedoch, daß diese nur Kombinationsmöglichkeiten sind, die einleuchtend, aber nie realiter richtig sein können. Daß dies so ist, wird klar, wenn das Leitmotiv in einer Weise verwendet ist, die den Lesefluß zum Stocken bringt, weil etwas falsch, unsinnig oder sprachlich mißraten erscheint. Das Leitmotiv kollidiert mit dem Inhalt, wenn es nicht zu dessen Sprachmaterial gehört. Wird z.B. die Musik des strengen Kontrapunkts expressiv, so heißt es, „das Objektive rötete sich vor Gefühl" (178). Es stößt als fremd auf, wenn es in eine geläufige Redensart eingeschoben ist, z.B. als „gefror" (Kälte/Frost-Motiv) für „stockte" in der Bemerkung, daß den an der Tür Beethovens „Lauschenden das Blut in den Adern gefror" (61). Wenn schließlich etwas in Form einer Ballung leicht identifizierbarer Leitmotive beschrieben ist, kann eine Illusion von Wirklichkeit kaum zustande kommen, weil die Leitmotive als technische Mittel das Wahrnehmungsinteresse auf sich ziehen, wie es bei den dienenden Frauen Meta Nackedey und Kunigunde Rosenstiel der Fall ist, die im „Roman des Werkens" als zwei miteinander rivalisierende Leitmotivkomplexe fungieren.[88] Im Künstlerroman wiederholen sie in herabgesetzter und damit parodierender Form die Rolle Zeitbloms und Frau von Tolnas. In der Objektivation romantechnischer Elemente demonstrieren sie den Gebrauch des Leitmotivs. Sie sind Geschöpfe Mannschen Humors, der stets mit einem Quentchen Ironie versehen ist und wie sie den düsteren Stoff durchheitert und entmythisiert. Ihr dienendes Wesen korrespondiert mit der unterstützenden Funktion des Leitmotivs, ihre arme, bedürftige Seele, die nur in der Verehrung von etwas Höherem ihr Glück findet, mit seiner Beschränkung darauf, daß es nur in Begleitung eines handlungsaktiven Bestandteils existiert. Obwohl sie ganz im Dienst von Leverkühn stehen, versammeln sie sich auch um Echo, ganz in der Art, wie Leitmotive von einer Person auf eine andere übergehen und dadurch Identitätsbeziehungen herstellen.

Das Leitmotiv ist knapp und sinnfällig und prägt sich durch Wiederholung ein wie die wiederkehrende Tonfolge des Wagnerschen Leitmotivs, dem es, wie Th. Mann bekennt, nachgebildet ist. Von Wagner habe er gelernt, es in der symbolischen Art der Musik zu gebrauchen, in der es „nicht nur rückwärts, sondern auch vorwärts zu deuten" sei. So könne man den „musikalisch-ideellen Beziehungskomplex" seines Romans „erst richtig durchschauen und genießen, wenn man seine Thematik schon kennt und imstande ist, das symbolisch anspielende Formelwort nicht nur rückwärts, sondern auch vorwärts zu deuten." (GW, XI, 611)

Vorwärts deuten kann man ein Leitmotiv nur, wenn man seine erst an späterer Stelle eröffnete Bedeutung kennt. Deshalb fängt der Roman erst bei der zweiten Lektüre zu leben an. Es ist z.B. rätselhaft, warum Ines Spengler einen „heimlichen Schleicher" nennt. Die Rätselhaftigkeit ihrer Bemerkung betonend, fügt der Erzähler hinzu: „inwiefern, sagte sie weiter nicht" (199). Im Geschehenszusammenhang ist diese Äußerung bedeutungslos, denn Ines hat weiter nichts mit Spengler zu tun. Die Bemerkung fungiert einzig als anspielende Formel, die man erst im Teufelsgespräch verstehen lernt, in dem ‚schleichen' sich als Leitmotiv der Syphilis entpuppt (vgl. „die schleichende venerische Meningitis" [236]). Der Teufel erklärt: „nicht umsonst nennt Ines Rodde ihn einen heimlichen Schleicher" (233).

Das Vorangegangene gibt einen Eindruck davon, in welchem Grad die Romantechnik von musikalischen Techniken abhängig ist. Formen musikalischer Konstruktion, wie vororganisierte Grundgestalt, Reihenbildung, Parallelismus, Variation, Umkehrung und Wiederholung, fungieren als Orientierungsmodelle für die Komposition des Romans und helfen, das Sprachwerk so zu konstruieren, daß Form Ausdruck wird. Dazu sind sie geeignet, weil ihre wesentliche Tendenz, die „Verungleichung des Gleichen" wie die Gleichmachung des Ungleichen, auch die Grundtendenz der gedanklichen Zusammenhänge im *Faustus* ist. Selbst wenn die musikalische Durchorganisation so augenfällig erscheint wie im Esmeralda-Komplex, handelt es sich tatsächlich nur um Anlehnung oder Analogie. Im ganzen folgt der Roman weder den Regeln der Zwölftonmusik noch ist er an Leverkühns Musiktheorie oder an Zeitbloms Paraphrasen seiner Werke ausgerichtet. Die Vororganisation des gesamten Materials ist im Bereich des Sprachlichen nicht möglich. Ihr entspricht die Einführung wichtiger Motive, Züge und Themen in den Anfangskapiteln, doch sie sind weder gleichrangig noch repräsentieren sie das gesamte Material. Wenn z.B. der Schmetterling in der Variation als Prostituierte wiederkehrt, so ist dies keine Variation eines literarischen Motivs, sondern die Stiftung einer gedanklichen Verbindung durch das verweisende Leitmotiv Hetaera esmeralda. Der Vorgang ist nicht musikalischer, sondern rhetorischer Art. Die Auffassung, daß die Darstellung der „Weheklag" eine verschlüsselte Beschreibung der Romanstruktur sei (s. Anm. 85), ist nur in dem eingeschränkten Sinne richtig, daß sie ein Modell aufstellt, über dessen Bestandteile in der Romankonstruktion frei verfügt ist. Das Analogon zu den Tönen ist im Roman ein Heer von Verweisungscharakteren, deren Hauptaufgabe es ist, Ideenbezüge anzudeuten. Ihr irrlichterndes Auftreten im *Faustus* macht den Roman nicht nur zu einem „Fest der Beziehungen" sondergleichen, es wirft auch ein spukhaft parodistisches Licht auf dieses Fest, in dem sich die Wirklichkeitserkenntnis selbst ansieht.

6.3 Parallelismus

Die Neigung, Vorstellungen in Identitätsbeziehungen zu denken, sei an der Identität von Leverkühn und Ines Institoris aufgezeigt. Diese Identität kommt dadurch zustande, daß zwei ungleiche Lebensbilder aus Motiven bestehen, die unter den gleichen Begriff fallen (z. B. Durchbruch oder Rückgriff).

Folgt man Zeitbloms Hinweis und betrachtet das Ines-Geschehen in Hinblick auf das Leverkühn-Geschehen, so erkennt man, daß beide in den konstituierenden Motiven miteinander identisch sind. Ines gleicht Leverkühn so, wie Leverkühn Faust gleicht, nämlich in der formalen Konzeption ihres Schicksals. Übereinstimmungen rein formaler Natur erzeugen die Parodie. Das Ines-Geschehen ist eine Parodie des Leverkühn-Geschehens,[89] der als Parodie der Parodie die Aufgabe zukommt, die Aufmerksamkeit auf Brennpunkte des Parodierten zu sammeln. Sie hebt heraus, daß Schicksalsvorstellungen nicht aus Einsicht in das Wirken höherer Mächte kommen, sondern aus dem Zwang des Wirklichkeitsbewußtseins: Spuren aus Lebenserfahrung, z. B. das Spekulieren von Leverkühns oder die Strenge von Ines' Vater, arrangieren sich im Bewußtsein mit anderen zu schicksalbildenden Zügen. Wenn sich diese in ein vorgeprägtes Schicksalsschema, also ein typisches Schicksal, fügen, bewirkt das „Wissen" darum, daß die Lebensgestaltung sich auf die Erfüllung dieses Schicksals ausrichtet. Das aus der epochenbedingten Situation des Künstlers abgeleitete Künstlerschicksal und das in ihrem Nationalcharakter gründende Schicksal der Deutschen sind derartig wirksame typische Schicksale. Indem Th. Mann das Schicksal seines Helden in parodistischer Manier als ein Faust-Schicksal aufbaut und die Parodie durch die Identität mit dem untypischen Schicksal von Ines potenziert, wird die Künstlichkeit aller Schicksalsvorstellung bloßgestellt; denn die Identität dieser beiden geht darauf zurück, daß alle vom Epochenende gezeichneten Entwicklungen in den Faktoren, die sie bedingen, identisch sind.

In die folgende Gegenüberstellung von Leverkühn- und Ines-Geschehen sind die Schicksale von Clarissa und der kleinen Seejungfrau einbezogen. Clarissa gehört zu den undämonischen Charakteren; infolgedessen tritt das Dämonische nicht an ihr, sondern in ihrer Umwelt in Erscheinung. Sie verfällt der Verwirrung, nimmt jedoch nicht Zuflucht zu unlauterer Steigerung; sie wird Opfer der Dämonie eines anderen und endet mit Selbstmord. Das Schicksal der Seejungfrau ist ein Kontrastbild, weil es sie zur Menschlichkeit führt.

Auf die *Rollenidentität* von Leverkühn und Ines deutet ihr menschliches Verhältnis. Es ist „hausgenössisch freundschaftlich" (198), geschwisterlich und ohne Konflikte. In nahezu gleicher Situation verfallen beide der Zutraulichkeit Schwerdtfegers, der sie aus ihren Zimmern in den Salon zurückholt; die Handlung des einen steht stellvertretend für die Handlung des anderen in der Ermordung des treulosen Geliebten.

Die Darstellung von Leverkühn-, Ines-, Clarissa- und Seejungfrau-Geschehen folgt den Regeln verschiedener *Literarischer Gattungen.* Das Leverkühn-Schicksal ist romanhaft in die Schilderung der allgemeinen Lage eingebettet, für die es symptomatisch ist. Es läuft, verglichen mit demjenigen von Ines, wie in Zeitlupe ab. Umgekehrt ist das Schicksal von Ines wie mit Zeitraffer vorgeführt und als „Spiel im Spiel" in die Haupthandlung eingeschachtelt, die es in anderer Lebenssphäre und tendenziös verkürzt wiederholt. Der Handlung nach ist das Ines-Geschehen eine in sich geschlossene Episode, könnte aber schwerlich allein bestehen, denn ohne den Bezug auf Leverkühn wäre vieles daran künstlerisch nicht akzeptabel, z. B. die allegorische Bedeutung ihrer Ehe als Vermählung von Ästhetik und Moral oder das spitzfindige Rationalisieren ihres Ehebruchs, das nur als eine parodische Spielart der „höheren Interpretation des kruden Geschehens" (308) verständlich ist. Clarissas Schicksal ist in Momentaufnahmen und Kurzberichten erzählt, die – zusammengezogen – Züge der Kurzgeschichte tragen. Zur Wende führt hier weder eine stufenweise Entwicklung wie bei Leverkühn, noch ein unerhörtes Ereignis wie bei Ines, sondern ein zufälliges Zusammentreffen, ohne das „Alles hätte gut werden können“ (384). Die kleine Seejungfrau gehört zu dieser Gruppe als Leverkühns „Schwester in der Trübsal“ (344), als sein „Schlafweib“ (499) gehört sie zu einer anderen.

Zwischen den Geschehen wechselnde Romanfiguren verknüpfen die Geschehensreihen miteinander. Dr. Kranich ist der Richter aus gestrenger Mittelmäßigkeit am Ende in L[90] und I; Frau Rodde ist die unmütterliche, lebenshungrige Mutter in L, I und C. Schwerdtfeger verkörpert die geliebte Welt für L und I, ist beider Verführer und Verführter, Geliebter, Verräter und Racheopfer. Zeitblom ist der reizlose Vertraute für intime Geständnisse und zwiespältige Ratgeber von L und I. Seine Authentizität als Chronist stammt aus Miterleben, Nachforschungen und der Kenntnis von Dokumenten in L, I und C. Er verfolgt das Schicksal von L fasziniert, von I indigniert, von C bedauernd und bewundert die Energie zur Tat an L, I und C.

Folgende *Charakterrollen* sind an dem dramatischen Geschehen beteiligt: der über seine naturgegebenen Möglichkeiten hinausstrebende *Held* in L, I, C und S; die *Mutter*, die ihrem Kind nichtsahnend den schlimmen Weg weist, in L (Musikalität), I (unbefriedigte Lebenslust), C (Bohème ihres Salons) und S (die Großmutter mit ihren Geschichten von der Menschenwelt); der in seiner Liebe unzureichende und des Helden unwerte *Geliebte* in L (Esmeralda), I (Schwerdtfeger), C (Henri), S (Prinz); die das zugleich tödliche Mittel zu unlauterer Steigerung liefernde *Hexe* in L (Esmeralda), I (Natalia Knöterich), S (Meerhexe); der mit Liebe nicht bedankte *Versorger* in L (Frau von Tolna), I (Institoris), C (der ältere Dramaturg), S (Familie); *Kinder*, die der Sehnsuchtswelt angehören, in L (Echo), I (Luxusgeschöpfchen), C (die zukünftigen, französisch sprechenden Kinder), S (die über ihre Wartezeit bestimmenden Menschenkinder); der siegreiche *Nebenbuhler* als Statist in L (Schwerdtfeger in der inszenierten Werbung), I (Marie Godeau), S (Prinzessin); die *gescharten Frauen* in L (dienende Frauen), I (Bund morphiumsüchtiger Frauen), S (Frauen der Meeresfamilie).

Die Prädestination oder *Disposition für das Durchbruchsschicksal* ist gegeben mit den Zügen: *vergeistigtes Wesen* (Präponderanz des Geistigen) bei L, I und S (still und versonnen); *Melancholie* bei L, I (pessimistischer Leidenskult), S („Schwester in der Trübsal“ [344]); das „Element eines zum Äußersten gehenden *Ausdruckswillens*“ bei L (expressive Musik), I (expressive Poesie und Philosophie), S (Ausdruck ihrer Liebe im Tanz); Bewußtsein von *Andersartigkeit* und *Auserwähltsein*, das später zur erlösenden Tat drängt, bei L (Erlösung der Musik), I (Erlösung vom Leid), S (von der Sterblichkeit); *Entwurzelung* und Fremdheit im Zuhause bei L (Buchel und humanistische Verbindlichkeit), I (Haushalt und Geselligkeit der Mutter), S (Nixenwelt); *Lebensangst* bei L (Angst vor geistiger Leere und Sterilität), I (vor menschlicher und sozialökonomischer Ungesichertheit), S (vor der Auflösung im Meeresschaum), was allen dreien „von Natur wegen zukommt“; *Verachtung ihrer banalen Umwelt* bei L, I und S (läßt ihren Garten verwildern); *Sehnsucht nach Welt*, die analog zu den Gedanken in Kleists *Marionettentheater* nur auf einer höheren Geistesstufe, in einer „hysterisch überschätzten Oberwelt“ (344), erfüllbar erscheint, bei L, I und S; *Rückwärtsgewandtheit* bei L (zum Altdeutschen), I (zum streng Bürgerlichen), S (zu den Geschichten der Großmutter); *Egozentrizität* und damit *Liebesunfähigkeit* bei L, I (liebt Mann und Kinder nicht, passioniert egoistisches Verhältnis zu Schwerdtfeger), S (kalt gegenüber den Schwestern, ersehnt eine Seele durch die Liebe des Prinzen); L, I und S gemeinsam sind *Todessucht* als Flucht aus dem angeschaffenen Ich, *Strenge, Intensität, Schonungslosigkeit* gegenüber sich selbst und anderen, *Leidenschaftlichkeit* und – im Gegensatz zu Clarissa – ein *unbrechbarer Stolz*.

Wie in den Elementen, die den dämonisch gefährdeten Charakter konstituieren, so stimmen die Geschehen auch in den *Stufen der Entwicklung* zu Durchbruch und Katastrophe überein. Auf der Stufe der *Kindheit* in der Ursprungslandschaft, in der sich die angeborene Disposition ausformt, folgt der Zustand der *Jungfräulichkeit*, in der das Selbst Umschau hält, aber unversehrt bleibt und noch unfruchtbar ist; ihr folgt die *erotische Initiation* bei L (für den reinen Geist besudelnd in der krassen Fleischlichkeit des Bordells), I (glücklos, Männchen Institoris), S (traurig, Statue). Die strenge Selbstbewahrung wird gebrochen, die Produktivität beginnt sich zu regen, das triebhafte Verlangen wird frei und konzentriert sich auf das eine, *wahrhaft Geliebte* bei L

(Musik), I (Schwerdtfeger), S (Prinz), dessen Besitz die Voraussetzung zum *Durchbruch* ist, der Erlösung aus der Einsamkeit in einer banalen Welt in die Gemeinsamkeit einer erhabenen Welt, bei L (Erlösung der Kunst aus ihrer Respektsvereinsamung zum Du mit der Welt), I (Zähmung des Liebenswürdigen zur Liebe, Sicherung im Ungesicherten), S (unsterbliche Seele). Das Ziel ist derart, daß es auf natürliche Weise nicht zu erreichen ist. Deshalb ist mit der Initiation die *dämonische Empfängnis* verbunden, in der das Mittel zu *unlauterer Steigerung* empfangen wird, bei L (Syphilis), I (Renaissanceästhetizismus ihres Mannes – Morphium als Folge davon), S (Hexentrunk). Dazu verhilft ein *Vertrag* bei L (Teufelspakt), I (Heirat), S (Geschäft mit der Meerhexe), der unwiderruflich ist, weil bei seinem Abschluß die *Selbstopferung* schon begonnen hat, bei L (mit der Ansteckung und dem Abbruch der Heilungssuche), I (Verlobung mit Institoris, obwohl sie Schwerdtfeger liebt), S (mit dem Opfer der Zunge). Sie schreitet fort als *Transmutation des Selbst* bei L (von Faustimitation zu Faustidentität, von dem kleinen Nicht-wissen-Wollen zum Wahnsinn), I (von tadelloser Bürgerin zu entfesselter Mörderin, von Glückskorrektheit zu Leidensbetäubung), S (von Nixe zu Mensch, Verwandlung des Schwanzes in Beine). – Da S sich zur Menschlichkeit, L und I zur Unmenschlichkeit entwickeln, geschieht die Verwandlung bei S durch Zweiteilung (Schwanz in Beine), L und I durch „Vereinheitung“ (Fiktion und Wirklichkeit, Ästhetizismus und Moral); Leverkühn spricht „von den ästhetischen Vorzügen der Nixengestalt vor der gegabelt menschlichen“ (344f.). – Im Tausch gegen die Steigerung ist *das Beste geopfert* worden bei L (das unbestechliche Denken), I (die Leidenssensibilität), S (die schöne Stimme). Auf den Pakt folgt die *Selbstinszenierung* bei L (in Schweigestill als Faust), I (im Kulturbürgertum als Musterhausfrau), S (in der Menschenwelt als Gespielin des Prinzen), und das Ringen um das Ersehnte beginnt. Der Pakt genehmigt dazu eine *Frist*, die unter Qualen im Auf und Ab von Zwischen- und Mißerfolgen, Triumphgefühl und Niedergeschlagenheit abläuft. Das Selbst ist *in den Händen der Fremden* bei L (der fortgeschrittenen Syphilis), I (der Morphiumsucht), S (–; abhängig vom Prinzen, so wie L von der Musik und I von Schwerdtfeger). Bei Ablauf der Frist wird im *Verlust des Geliebten* bei L (inszeniert in der vergeblichen Werbung um Marie Godeau, erfahren im Verlöschen seines Künstlertums), I (Schwerdtfegers Verlobung; Verarmung), S (Hochzeit des Prinzen, Verlassen der Menschenwelt) offenbar, daß alles *Verlorene Liebesmüh* war und das Ziel der Sehnsucht nur in unerreichbare Ferne gerückt hat bei L (statt der zu Einfachheit destillierten menschlichen, die antimenschliche, osmotische Kunst), I (statt Schwerdtfeger an sich zu binden, hat sie ihn abgestoßen und in die Verlobung mit Marie Godeau gelenkt), S (statt für sich, rettet sie den Prinzen vor dem Tod in der Meerestiefe für die Prinzessin). Das Dämonische fordert die *Opferung des Geliebten* aus Rache und als Mittel, das verlorene Selbst zu reinstituieren, bei L (prämeditierter Mord an Schwerdtfeger), I (Mord an Schwerdtfeger, um sich vor der lächerlichen Schmach zu bewahren, eine der von ihm verlassenen unglücklichen Frauen zu sein), S (schlägt das Angebot der Meerhexe aus, das Messer in des Prinzen Herz zu stechen und sein Blut auf ihre Füße spritzen zu lassen, um ihren Schwanz wiederzubekommen). L und I, entmenscht und dem Dämonischen verfallen, enden im *Wahnsinn*, S gewinnt durch ihr menschliches Verhalten eine zweite Chance. Das Schicksal endet mit *Selbst- und Wirklichkeitsverlust* bei L (Zusammenbruch bei der Einladung), I (Zusammenbruch in der Straßenbahn), S (Auflösung während der Hochzeit des Prinzen). Der Rest des Lebens verläuft im *Gewahrsam*, abgeschieden von der Welt im bequemlichen *Dahinvegetieren* des *Entmündigten*, bei L (Irrenhaus, Heimkehr unter die Vormundschaft der Mutter), I (Polizeistation, Anstalt), S (Eingehen in die Töchter der Luft).

Der Gesellschaftsroman unterbricht die Biographie Leverkühns, indem Schicksale in den Vordergrund rücken, die dem seinen in herabgesetzter Form gleichen. Ines' Schicksal stellt das Künstlerschicksal und alle die, für die es das „Paradigma" ist, durch parodistische Verwendung seiner Motivsubstanz in Frage und bricht seine Bannkraft auf zweierlei Weise: An dem asketischen und produktiven Leben des Genies prallt auch die berechtigtste Kritik ab, weil viele seiner Ingredienzen traditionell auf der Haben-Seite stehen; erst im Spiegel des moralischen Verfalls eines bürgerlichen Lebens wird es der Kritik offen. Die „Verungleichung des Gleichen" läßt hier erkennen, daß die Konzeption schicksalhaften Verlaufs ein Denkschema ist, dem die Wirklichkeit eingepaßt wird. Dem und der Erhabenheit des faustischen Schicksals gilt die Kritik.

Das „Lebensbuch" Th. Manns teilt sich dem daran interessierten Leser auch mit als der Rechenschaftsbericht eines Mannes, der sein Leben der Schriftstellerei gewidmet hat und sich nun, da er sein Ende nahe glaubt,[91] die bange Frage stellt, ob sein Werk das wert ist, was er selbst und andere an Menschlichem dafür bezahlen mußten. In der *Entstehung* fragt er sich: „War je einer, dem der Kobold des Hervorbringens im Nacken saß, so ein vom Jahr- und Tag-Werk immer Versorgter, Besessener, Präokkupierter – ein erfreulicher Mitmensch? Dubito. Und ich bezweifle es für mich persönlich noch ganz besonders." (EDF, 265)

Dieser „Roman eines Romans", wie die *Entstehung* im Untertitel heißt, berichtet darüber, wem der Autor sich zu besonderer Rechenschaft verpflichtet weiß, beschreibt die zeitgeschichtlichen Umstände während der Entstehungszeit, die persönlichen und kulturellen Erfahrungen, die sich in ihm niedergeschlagen haben, und gibt einige das Verständnis fördernde Hinweise. Er ist aber keineswegs eine Autoreninterpretation, sondern vermehrt den Roman um eine weitere Dimension. Hat man die *Entstehung* genau gelesen, so geht einem bei der Lektüre des *Faustus* auf, daß der Roman – allen Beschwörungen seines Konstruktivismus zum Trotz – weniger konstruiert als montiert ist. Bis zuletzt hat Th. Mann neues Stoff- und Ideenmaterial in den Roman eingebaut, Streichungen vorgenommen und die Stimmigkeit der motivischen Struktur im nachhinein durch Interpolationen gereinigt. Seine vielen Kommentare zum eigenen Werk und zu den Werken anderer Schriftsteller verraten ein theoretisches Interesse an der Poetik des Epischen, insbesondere des Romans, und legen die Vermutung nahe, daß er bei der Herstellung seiner Werke einer geschlossenen Theorie der Romantechnik folgte. Dies ist jedoch nicht der Fall. Sie sind in erster Linie Versuche, sich seiner Schaffensweise – und damit seiner selbst als Künstler und Mensch – gewiß zu werden, indem er Analogiebeziehungen herstellt, durch die sie sich in der Schaffensweise anderer spiegelt.

Woran er sich ausrichtete, war ein „Form-Ideal"[92]. In der Zwölftonmusik fand er eines verwirklicht, das seiner Neigung, Identität wahrzunehmen, sie synthetisch herzustellen und alles in parallelem Verlauf zu sehen, entsprach. Ihr folgte er im *Faustus* wie eh und je, nur mit gesteigerter Konsequenz, so daß Korrespondenzen im großen wie im kleinen den Roman durchwalten.

Nach dem Muster der Dreiheit: 1. Sinnbild für die „geheime Verbindung des deutschen Gemütes mit dem Dämonischen", 2. im Romangeschehen ausgeführtes Paradigma, 3. Erzählgegenstand oder Realbereich, der im Paradigma verkörpert und gedeutet ist, entsprechen einander im „Roman der Epoche" 1. Faust, 2. Leverkühn, 3. Deutschand; im „Roman des Werkens": 1. Alchemie, 2. Leverkühns Kompositionstechnik, 3. die Kompositionskunst Th. Manns. Das nicht-fiktive Vorbild für das Paradigma ist im „Roman der Epoche" Nietzsche, im „Roman des Werkens" Schönbergs Zwölftonmusik.

7
Exkurse

7.1
Das Erzählmedium

Der Leser mag sich fragen, wieso die „liebend verschreckte Seele" Zeitblom mit der „Durchheiterung des düsteren Stoffes" (EDF, 164) betraut ist. Abgesehen davon, daß auch Zeitblom ein Geschöpf Mannschen Humors ist, – man erinnere sich seiner Beschreibung der osmotischen Gewächse oder seiner komischen Rolle als Leverkühns Famulus bei der Abschiedsgesellschaft, durch die er „comic relief" in die düstere Szene bringt –, durchheitert er den Stoff aufgrund seiner Doppelrolle: Zeitblom, der fiktive Erzähler, erzählt, wie ihn sein banges, übervolles Herz zu erzählen drängt; Zeitblom, das Erzählmedium, führt blind den Kompositionsauftrag des Autors aus. Der Einfall, einen Erzähler, der als Chronist, nicht jedoch als Künstler in Frage zu kommen behauptet, einen Roman schreiben zu lassen, ist aus dem Witz geboren, denn er travestiert die Disproportion von Talent und Leben, die Th. Mann seit *Tonio Kröger* zur Gestaltung angeregt hat.

Zeitbloms Doppelrolle ist mehrfach unterstrichen. In den Exkursen zum Zeitgeschehen wächst seine Statur, wenn er sich vom Gesprächspartner des Monsignore Hinterpförtner zum Propheten des Endes, vom faktenreich zum Zwecke möglichst vollständiger Dokumentation berichtenden Biographen zum Sprachrohr des Autors und zur Stimme der Zeit wandelt. Im Exkurs des Kap. V bezeichnet er seine „Seelenlage" als „nur eine spezielle Abwandlung derjenigen, die... unserem ganzen Volke zum Schicksal geworden ist" (34); von Kap. XXXIII an spricht er zunehmend aus der Sicht des seiner Gegenwart entrückten Historikers. Das Nachwort führt die fiktive Situation Zeitbloms auf die des Autors zurück. Zeitbloms elfjährige Unterbrechung seiner Lehrtätigkeit wird durchsichtig als Verkleidung von Th. Manns Exil, wenn es heißt, daß schriftstellerische Arbeit, als „laufende Pflichterfüllung" (504) geleistet, für das „Nicht-Dabeigewesensein" aufkomme. Probleme des Emigranten kommen zur Sprache, denn mehr als Zeitblom ist Th. Mann berechtigt zu sagen:

„Aber ach, ich fürchte, in dieser wilden Dekade ist ein Geschlecht herangewachsen, das meine Sprache so wenig versteht wie ich die seine,... – und mehr: Deutschland selbst, das unselige, ist mir fremd, wildfremd geworden, eben dadurch, daß ich mich... von seinen Sünden zurückhielt... Muß ich mich nicht fragen, ob ich recht daran getan? Und wiederum: habe ich's eigentlich getan? Ich habe einem schmerzlich bedeutenden Menschen angehangen bis in den Tod... Mir ist, als käme diese Treue wohl dafür auf, daß ich mit Entsetzen die Schuld meines Landes floh." (505)

Im Gegensatz zu seinen Demutserklärungen als Schriftsteller steht die beharrliche Zurückweisung eines denkbaren Lesereinwands gegen seine Zuständigkeit gerade dann, wenn er die intime Kenntnis dessen, was er erzählt, nicht haben kann. Sie gipfelt in der Berufung auf ein nicht weiter begründetes höheres Wissen von unfehlbarer Autorität. Das Formelwort dafür ist „seelische Gewißheit" oder „seelische Tatsache" (53). Mit dem mystischen Tiefsinn, der dem Wort Seele anhaftet, will Zeitblom Zweifel niederschlagen, doch in Wirklichkeit weckt er sie dadurch erst. Sein Pathos klingt so falsch, daß er seine Glaubwürdigkeit als Erzähler damit aufs Spiel setzt. Die detaillierte Wiedergabe des Wortwechsels zwischen Leverkühn und Schwerdtfeger, die beweisen soll, daß er bei ihrem Gespräch dabeigewesen sei, und die Künstlichkeit in Sprache und Aufbau des Dialogs, die auf das Konto des Shakespeare-Zitats geht, tun hier ein übriges. Zur Vorspiegelung steigert sich seine Behauptung bei dem Bericht von Schwerdtfegers Werbung um Marie Godeau. Mit Einschüben, wie „Was hat sie erwidert? Das Scherzhaft-Alltäglichste gewiß... oder etwas dergleichen... Wie bekennt man einer Frau die Liebe eines anderen? ... Ich weiß es nicht" (442, 443), verrät Zeitblom, daß er nicht dabeigewesen ist, gibt aber dennoch eine lebendige Schilderung von Maries Reaktion auf den Antrag. Zusammen mit der rhetorischen Frage: „Zweifelt jemand daß ich ‚dabeigewesen' bin? Ich denke nicht" (442), kommt dies einer Verhöhnung des genasführten Lesers gleich. Ein solches Verhalten schickt sich nicht für den feinsinnigen, humanistischen Erzähler und ist ihm auch nicht zuzuschreiben. Zeitblom fungiert hier in der Sphäre des Romans, in dem die Erzähltechnik Gegenstand der Erzählung ist und in der ihm die Rolle des Erzählmediums zugeteilt ist. Mit der Berufung auf die „seelische Tatsache" korrespondiert sein wiederholtes Geständnis, wie unter einem Zwang, unfreiwillig und manchmal gegen seinen Willen zu erzählen, – die Zeitblomsche Version vom künstlerischen Schaffen nach „Einflüsterung" und höherer Eingebung. Auf diese Weise teilt sich dem Leser mit, daß der fiktive Erzähler, ihm selbst nicht durchschaubar, von dem Willen des Autors gelenkt wird und daß der Autor das Ganze zum Zwecke seiner Durchschaubarkeit so inszeniert.

„Ironie", schreibt Erich Heller[93], sei „kein Gegenstand,... sondern das Bewußtsein von dessen wechselnder Färbung" und habe sich auch deshalb stets „aller definitionslüsternen Nachstellungen mit Leichtigkeit erwehrt." Sie sei kein Begriff, sondern ein Affekt des Begreifens, und wolle man ihrer habhaft werden, so sei darzutun, worin sie im Falle jedes Werkes bestehe. Die Erzählkunst Zeitbloms bzw. die von ihr vermittelte Erzählkunst Th. Manns hat mit der ironischen Erzählweise der Romantiker dies und jenes gemeinsam. Im Bewußtsein, daß die Kunst eine nie an ihr Ende gelangende Aufgabe sei, schafft sich der Romantiker in der Ironie einen Freiraum, in dem er, der Unvollkommenheit seiner Kreation zum Trotz, das Spiel der Kunst mit Ernst, Gelassenheit und Distanz betreiben kann. Die Ironie gibt ihm die Freiheit, auf seine Kreation herabzulächeln und, um jenen Tatbestand kundzutun, das Gewebe der Illusion nach Belieben zu zerreißen. Hier macht Ironie den Abstand zwischen Wollen und Vollbringen offenbar. Th. Mann setzt sie als Mittel ein, den ungefilterten Aussagen des Romans das letzte Wort über die wahre Verfassung der Wirklichkeit zu entziehen, sie zu relativieren und ihren perspektivischen Charakter zu übermitteln. Negativ ist diese Ironie nur darin, daß sie einem Begriff von Wahrheit entgegenwirkt, der im Glauben an absolute Setzungen gründet und damit dem „jetzigen Erkenntnisstand", der die Plattform jedweder Kritik ist, hohnspricht.

7.2 Nietzsche-Zitate

In Nietzsches Brief an Deussen über seinen Kölner Bordellbesuch, dem Leverkühns Bordellbesuch nachgebildet ist, heißt es: „Ich sah mich... plötzlich umgeben von einem halben Dutzend Erscheinungen in Flitter und Gaze, welche mich erwartungsvoll ansahen. Sprachlos stand ich eine Weile. Dann ging ich instinktmäßig auf ein Klavier als auf das einzige seelenhafte Wesen in der Gesellschaft los und schlug einige Akkorde an"[94]. Th. Mann erwähnt u.a. auch die Übernahme der „Krankheitssymptomatik, die Ecce-Homo-Zitate des Teufels, das... Zitat von Diät-Menus nach Briefen Nietzsche's aus Nizza,... das Zitat von Deussens letztem Besuch mit dem Blumenstrauß bei dem in geistige Nacht Versunkenen." (EDF, 165f.) Die „Tragödie Leverkühns ist mit derjenigen Nietzsche's" eng verflochten, „dessen Name wohlweislich in dem ganzen Buch nicht erscheint, eben weil der euphorische Musiker an seine Stelle gesetzt ist, so daß es ihn nun nicht mehr geben darf." (EDF, 165) Leverkühns Faustidentität entspricht Nietzsches Selbstidentifikation mit Zarathustra. Leverkühn wiederholt Nietzsches Leben in einer Phasenverschiebung von rund 40 Jahren. Der Name Leverkühn spielt auf „gefährlich leben" (*Fröhliche Wissenschaft,* Aph. 283) an. Von Zarathustra übernommen sind das Lachen und die Kälte; Übereinstimmungen mit Nietzsche selbst sind die Herkunft aus mitteldeutschem Protestantismus, Studienbeginn mit Theologie, dann Wechsel Musikalität, Klavierspiel, vergebliche Liebeswerbung (Marie Godeau/Lou Andreas-Salomé u.a.), Genialisierung durch Syphilis, Ende in Wahnsinn und zehn Jahre späterer Tod. – Unterstreichungen und Glossen in der während der Entstehung des *Faustus* von Th. Mann benutzten primären und sekundären Nietzsche-Literatur deuten an, welche Züge Leverkühns als Anspielungen auf Nietzsche gemeint sind, z.B. die anscheinend bewußte Ansteckung.

Der sofort nach dem *Faustus* in Arbeit genommene Essay *Nietzsche's Philosophie im Lichte unserer Erfahrung* (1947), „das essayistische Nachspiel zum Faustus" (EDF, 203), enthält Th. Manns damaliges Nietzsche-Bild. Hier ist nachzulesen, welche Bedeutung er Nietzsche für die abendländische Kultur realiter und symbolisch zuschreibt, welche Rolle die Syphilis als genialisierende Krankheit spielt, wie sich medizinische und geistesgeschichtliche Erklärung und Deutung miteinander verketten und gegenseitig unterstützen und wie sich Leverkühn, Zeitblom, Nietzsche und Th. Mann in die Elemente, die den zur Debatte stehenden Zustand des abendländischen Geistes konstituieren, teilen. Eine Zahl formelhafter Wendungen im Nietzsche-Essay ist auf Leverkühn anwendbar, etwa die „Schilderung von Erleuchtungen, Entzückungen, Elevationen, Einflüsterungen, göttlicher Kraft- und Machtgefühle", „...etwas Atavistisches, Dämonisch-Rückschlägiges, andern, ‚stärkeren' und gottnäheren Zuständen der Menschheit Angehöriges und aus den psychischen Möglichkeiten unserer schwächlich-vernünftigen Epoche Herausfallendes". Nietzsches Verhältnis zu *Zarathustra,* den dieser „eine Tat nennt, an der gemessen der ganze Rest von menschlichem Tun als arm und bedingt erscheint", kennzeichnet Th. Mann als „dasjenige blinder Überschätzung", als „hektische, von entgleitender Vernunft zeugende Ausschreitungen des Selbstbewußtseins." (GW, IX, 682) Motivisch gebrauchte Übernahmen sind der bescheidene Zimmerherr, der beständige Schmerz, die Selbstkreuzigung und die „scheinbar vollkommene Unwissenheit – und die seiner Ärzte obendrein! ...über die Natur und Quelle dieser Leiden", ihre Erklärung als hereditäre Belastung und nicht zuletzt die Selbst-Mythologisierung. Das Ignorieren der Syphilis gehört zu dem Th. Mannschen Motivkomplex von Genie und Krankheit: „Jenes völlige Nicht-Wissen aber, oder die Dissimulation des Wissens, von dem Ursprung seiner Krankheit ist nur aus der Tatsache zu erklären, daß sie mit seinem Genie verschränkt und verbunden war, daß dieses sich mit ihr entfaltete" (GW, IX, 681). Diese „Dissimulation des Wissens" von der Krankheit findet sich auch bei Zeitblom. Analogien zwischen Zeitblom und Nietzsche sind das Studium der Altphilologie, der Aufenthalt in Naumburg, der brave Schüler, die anfänglich superkorrekte, steil nach oben führende akademische Laufbahn.[95] Nietzsches gegen Ende zunehmender Wahn, Christus zu sein, kehrt in Zeitbloms Anspielungen auf eine Leverkühn-Christus-Identität stärker wieder als in Leverkühn, wie überhaupt Nietzsches Selbstüberschätzung in Leverkühns Selbstbewußtsein und Zeitbloms Leverkühn-Verherrlichung aufgeteilt ist.

Der „Renaissance-Nietzscheanismus", von dem Th. Mann in den *Betrachtungen* spricht, ist in der Institoris-Episode karikiert. Im parallellaufenden Leverkühngeschehen ist der Asket Savonarola aus Th. Manns *Fiorenza* zitiert, bei dessen Gestaltung Nietzsches Essay *Was bedeuten asketische Ideale?* Pate gestanden hat. Die folgenden Zeilen daraus werfen ein Licht auf Leverkühns Rache an Schwerdtfeger. Th. Mann hat sie angestrichen und „Savonarola!" an den Rand geschrieben: „ein asketisches Leben ist ein Selbstwiderspruch: hier herrscht ein Ressentiment sondergleichen, das eines ungesättigten Instinktes und Machtwillens, der Herr werden möchte, nicht über Etwas am Leben, sondern über das Leben selbst, über dessen tiefste, stärkste, unterste Bedingungen; hier wird ein Versuch gemacht, die Kraft zu gebrauchen, um die Quellen der Kraft zu verstopfen; hier richtet sich der Blick grün und hämisch gegen das physiologische Gedeihen selbst, in Sonderheit gegen dessen Ausdruck, die Schönheit, die Freude; während am Missrathen, Verkümmern, am Schmerz, am Unfall, am Hässlichen, an der willkürlichen Einbusse, an der Entselbstung, Selbstgeisselung, Selbstaufopferung ein Wohlgefallen empfunden und gesucht wird."

7.3 Sprache und Parodie

Zu einer Vorlesung Bruno Franks notiert Th. Mann: „‚Begabt und schön'... Mir merkwürdig aber: Er benutzt den humanistischen Erzähl-Stil Zeitbloms vollkommen ernst, als seinen eigenen. Ich kenne im Stilistischen eigentlich nur noch die Parodie." (EDF, 180) Der Zwang zur Parodie ist eine Begleiterscheinung der Kunstkrise. Zeitbloms Erzählstil gehört demnach zu den Mitteln, die für das „Bewußtsein schon auf dem Punkt der Verbrauchtheit schweben" und deren Verbrauchtheit es durch „Parodie und intellektuelle Ironisierung" (152) bewußt zu machen gilt. Gleich der Beginn vermittelt die parodistische Absicht mit dem gestelzten Pathos des ersten und dem Kollaps des zweiten Satzes; dessen weit ausholende Periode bricht zusammen und droht auch nach dem Neuansatz aus den Fugen zu gehen. Rhetorische Floskeln müssen den verästelten Satz verklammern. Die Gelehrtensprache, so gibt der Satz zu verstehen, wird in ihrer Gemessenheit dem Gegenstand nicht gerecht. Das Mißverhältnis zwischen Zeitbloms „auf das Harmonische und Vernünftige gerichtete(r) Natur" (7) und seinem Auftrag, von einem dämonischen Künstlertum Zeugnis abzulegen, bildet eine Voraussetzung der Parodie.

Für Zeitblom liegen die Dinge jedoch einfach: Er schreibe schlecht, weil ihn die Empfindung übermanne und ihm sein Gegenstand zu nahe sei, als daß er ihn mit der Gelassenheit des komponierenden Künstlers behandeln könne. Damit steht er – worauf die Reminiszenzen an *Tonio Kröger* verweisen – auf einer vergleichsweise „heilen“ Stufe schriftstellerischer Problematik. Sein Weltbild und mithin seine Sprache sind subjektiv ungebrochen. Es sind die Zeitströmungen, mit denen sie nicht in Einklang sind. Für den Autor hat das Sprachproblem weiterreichende Implikationen. In dem Roman, der schon mit seinen ersten Sätzen „Unsäglichkeit“ suggeriert und der von dem Bewußtsein beherrscht ist, „daß am von alters vereinbarten Treffpunkt der Wahrheit sich neuerdings Sein und Sagen unweigerlich verfehlen“[96], ist das Problem, wenn auch nicht expressis verbis, fundamental. Es liegt hier in der Natur dichterischer Sprache, daß alle Überlegungen über sie darauf hinauslaufen, daß der Zusammenhang zwischen Sprache und Gesinnung ein Gradmesser der Menschlichkeit ist.

Zeitblom spricht von dem „inneren und fast geheimnisvollen Zusammenhang des altphilologischen Interesses mit einem lebendig-liebevollen Sinn für die Schönheit und Vernunftwürde des Menschen“ (12). Der Volksmann Kumpf, den Humanisten und Welschen gram, sieht „den Lügner… in der Vernunft vorzüglich am Werke“ (99) und geht „auf gut altdeutsch, ohn' einige Bemäntelung und Gleisnerei“ (97) mit der Sprache heraus. Ihn ahmt Leverkühn bei passender Gelegenheit nach. Das Kind Echo spricht in seiner mit Ausdrücken aus dem Mittelhochdeutschen untermischten Rede die Sprache der Kindheit unserer Kultur. Die „Necknämchen“ für den Teufel bezeugen seine proteushafte Natur und zugleich seine „kerndeutsche Popularität“ (226); die Hölle aber „liegt abseits der Sprache“, und nur „in schwachen Symbolen“ (246) läßt sich von ihr sprechen. Bei der Klage der Vernunft gegen die Massenmythen (367) versagt die Verständigung; Zeitbloms Kommentar zur „intentionellen Re-Barbarisierung“ lautet: „Wozu überhaupt Wörter, wozu schreiben, wozu Sprache“ (369). Der wortreiche Roman mündet ins Schweigen aus: Leverkühn verstummt nach seinem Klagelaut, Frau Schweigestill hat im Binnengeschehen das letzte Wort mit einer Aufforderung zum Verständnis, die eine Chiffre des Stillwerdens ist, und Zeitblom schließlich fragt sich am Ende der Niederschrift, ob man seine Sprache überhaupt noch verstehen wird.

Offensichtlich hat das Bewußtsein der Sprachkrise Th. Mann nicht in die Sprachnot gebracht, die in Hofmannsthals *Ein Brief* ihren klassischen Ausdruck gefunden hat. Lord Chandos zerfallen die „Worte“, weil sie als Pseudowahrheiten an der gefühlten Wahrheit zuschanden werden, und er schweigt. Für Th. Mann bleibt die Sprache als Ausdrucksmittel des Menschen gültig, doch er benutzt sie mit verändertem Vorzeichen. Der *Faustus* lehrt, daß es angesichts der Macht des Widervernünftigen an der Zeit ist, die Vorstellung zu revidieren, daß die Vernunft das Leben so regiere, wie es durch die Sprache erscheint. Chandos sind Wort und Sinn, Sprache und Wahrheit auseinandergebrochen; im *Faustus* klaffen rationale Satzgefüge und irrationale Lebenszusammenhänge, Sprache und Wissen auseinander. In dieser Lage gibt es für Th. Mann nur die Wahl zwischen Schweigen und Parodieren. Er wählt die Parodie als die „lautere“ Art, der Krise Rechnung zu tragen, indem man sie bewußt macht. Herr werden kann die Parodie der Krise nicht, denn sie ist nur „die stolze Auskunft vor der Sterilität“ (152). Aber sie hält die Sprache am Leben, denn Schweigen wäre ihr Tod.

Th. Manns parodistischer Umgang mit den Ausdrucksmitteln der sprachlichen Überlieferung gehört zu den „ernsten Scherzen“, die der *Faustus* mit Goethes *Faust* gemein hat. Selbst Zeitbloms Sprechweise hat an ihnen teil, und zwar vor allem dort, wo er, frei von der Sorge um die angemessene Wiedergabe seines ach so schwierigen Gegenstandes, eher unmittelbar spricht, nämlich in den Exkursen zum Zeitgeschehen. Spätestens hier fragt man sich, wieviel Selbstverspottung und „Mummenschanz“ in den Beteuerungen seiner Schlichtheit stecken. Barocke Manier sind die Wortkaskaden, Steigerungen, antithetische Zuspitzung, das Umkreisen eines Gedankens mit Synonymen und deren Variationen (175, 481), die Wortwahl mit ihrem Achthaben auf Wucht, sensuellen Reiz und grellen Effekt („schnaubende Agonie“, „brüllende Ausrufung“, „Taumel von Überglück“ [481], „sinnberaubender Giftfusel“, „wir Rauschlüsternen“ [175], „Gestank verbrannten Menschenfleisches“ [480]), die Posaunenstöße der Endzeitverkündigung, die an Theaterszenerien erinnernden Bilder („gefällte Statuen“, „aus leeren Augenhöhlen blickende Fassaden, die das hinter ihnen gähnende Nichts verstellen“ [452]) und nicht zuletzt die Gryphius' *Tränen des Vaterlandes* zitierenden Zentnerworte

(„Über Deutschland schlägt das Verderben zusammen, im Schutt unserer Städte hausen, von Leichen fett, die Ratten, der Donner der russischen Kanonen rollt..." [433]) in den zu Pyramiden aufgetürmten Sätzen. Dazu kommt ein Einschlag von Wagner („von donnernden Flammen umtanzte Höllenfahrt" [451]) und von expressionistischem Sprachgebaren in den Endzeitverkündigungen und dem Aufschrei der Anklage. Die Sprache der Zeit, über die Zeitblom schreibt, ist vertreten mit dem Vokabular der Wehrmachtsberichte („elastisches Zurückgehen" [174], „heldenhafte Abwehr" [252]), dem Tonfall des politischen Kommentars („unser europäischer Lebensraum" [252]) und dem technischen und journalistischen Jargon („amerikanische Produktionsmaschine", „Erzeugungskapazität" [253], „Welteroberungsunternehmen, Kulturlamento" [173]), die Zeitbloms Sprache einen unvermuteten Zug von moderner Schnittigkeit geben. Zeitblom befindet sich damit in stilistischer Nachbarschaft von Leverkühns letzten Kompositionen. Wie der Romanaufbau seinen vorgegebenen Mangel an kompositorischem Talent, so straft der Sprachgebrauch seine sprachliche Unschuld Lügen und lüftet etwas von dem umrätselten Geheimnis seiner Identität mit Leverkühn. Solcher „Vexierspiele" hat der Leser gewärtig zu sein, wenn er nicht in Versuchung geraten will, aus Zeitbloms Sprachgebrauch nach dem Motto, „denn deine Sprache verrät dich", ein faschistisches Psychogramm zu erstellen[97]. Zeitbloms Gebrauch verfremdet die Klischees. Mit den Mitteln der Untertöne, der wechselseitigen Aufhebung von Aussagen und der nachträglichen Distanzierung von ihnen arbeitet die Ironie an dem Gewebe aus Wort und Sinn, in dem die Klischees durch ihre Fadenscheinigkeit auffallen.

Der Schnitt durch die Zeitstile und die Mischung verschiedener Idiome verleiht dem Roman das Perspektivische, das Th. Mann der Montagetechnik nachrühmt. Die Tatsache, daß der *Faustus,* ein deutscher Roman, in dem die Sprachnot des Schreibers parodiert ist, in Amerika geschrieben wurde, erklärt nur zum Teil die breite Streuung der darin vorkommenden Anglizismen. Suhl (s.d.) deutet sie als Sprachfehler und führt ihren Gebrauch auf die Macht der Landessprache zurück, deren Einfluß sich der sprachempfindsame Künstler nicht habe entziehen können und vielleicht nicht habe entziehen wollen, da er sein Buch mit einem Auge auf die Übersetzung geschrieben habe. Mit „Möglicherweise hatte er es in einem kulturhistorischen Buche aufgepickt" (423) sei Th. Mann in Yorkville angelangt, wo man sagt: „Der wees dat nich ze preciaten". In der Tat ist oft nicht auszumachen, ob bewußter oder unbewußter Gebrauch vorliegt, z. B. wenn „Hymnen" (71) für „Kirchenlieder" steht. Suhl übersieht aber, daß das Angelsächsische mit Leverkühns Vorliebe dafür, den Vertonungen englischer Literatur, der Shakespeare-Motivik, den Pennsylvaniern Kretzschmar und Beißel und nicht zuletzt mit der angelsächsischen Demokratie und dem Krieg der Alliierten einen breiten Raum im *Faustus* einnimmt. Er übersieht ferner, daß die Sprachmischung ein kennzeichnendes Leitmotiv ist (Frau Schweigestills geläutertes Deutsch ist dialektgefärbt; die Bäuerin und Aristokratin Jeannette Scheurl spricht Bayerisch-Französisch) und daß Th. Mann Vergnügen am Spiel mit fremdsprachlichen Brocken fand („zwei, drei englische und französische Brocken, teuflisch gesproche, peaudiful puilding und antiquidé exdrèmement indéressant" [142]). Nicht ohne Grund ist der Humorist des Romans der anglomane Übersetzer Schildknapp, der, „luftbedürftig von Natur, den ganzen Winter bei offenem Fenster, ... Zigaretten verdampfend, um den genauen deutschen Gegenwert für englische Wörter, Phrasen und Rhythmen" (201) ringt. – Die englische Sprache und das Deutsch der Amerikaner wurden Th. Mann zu einer Fundgrube für die Sprachparodie und Sprachmontage. Die Übernahmen aus dem Englischen – Ausnahmen, wie „in letzter Analyse" (64), bestätigen die Regel – sind im *Faustus* künstlerisches Mittel. Direktübernahmen stehen mit oder ohne Anführungszeichen („boyish" 168). In „stream-line, um das insultierende Wort zu wagen" (376), ironisiert das im Sinne von „insulting" gebrauchte Fremdwort die Aussage. Bei Schildknapp kennzeichnen sie sein anempfundenes englisches Benehmen („talking nonsense nach Lust und Liebe", „beim shopping begleiten" [168]). Nach dem schicksalsschweren Jahr der Trennung begrüßt Leverkühn Zeitblom mit dem englischen Begrüßungswort „Hallo" (159). Die letzten Worte, die Zeitblom von ihm vor Ausbruch des Wahnsinns hört, sind das Abschiedszitat aus Shakespeares *Sturm* „Then to the elements. Be free, and fare thou well!" (479). Im Gegensatz zu Schildknapp ringt Th. Mann nicht um den genauen deutschen Gegenwert, sondern übersetzt wörtlich, und zwar so, daß die kuriosen Ausdrücke auffallen und leitmotivische Zusammenhänge hervorheben: „Necknämchen“ (226) für „nickname“ zum Leitmotiv „necken“; „immer die Zunge im Mundwinkel!“ (229) für „tongue in cheek“ zum Leitmotiv der grimassierenden Wangenbewegung; „ein Schmetterling und eine bunte Butterfliege“ für „butterfly“ stellt durch die Verdoppelung des Ausdrucks eine Verbindung zu „Milchhexe“ (497) her und enthüllt damit zuguterletzt die motivische Funktion der „Verwalterin des Molkereiwesens, Frau Luder(s)“ (26). – Die zahllosen Fremdwörter enthalten Anglizismen verschiedenen Grades. „Respondierte“ (254) für das Beantworten des Telefons steht nicht in der deutschen Bedeutung des Fremdworts, sondern im Sinne von „responded“; „enigmatisches Lächeln“ (335) ist als eingedeutschtes Fremdwort annehmbar. Manche Anglizismen führen mit ihrem englischen Sinn und dem deutschen Gebrauch zwei Bedeutungen zusammen: „fatal“ in deutsch-englischem Doppelsinn „anstößig, peinlich“ und „unrettbar tödlich“; „Appell für das andere Geschlecht“ (289) – komische Nachbildung zu „(sex)appeal“ – weist mit dem der Militärsprache und dem politschen Jargon angehörenden Wort auf die Bedeutung der scheinbar belanglosen Liebesgeschichte und mit seiner Unangemessenheit auf deren grotesken Charakter; „Flatterer“ (445) für den „Flirt“ Schwerdtfeger führt „Schmeichler“ und „Falter“ zusammen.

Je mehr man sich in die Sprachkunst des *Faustus* vertieft, desto stärker wird die Überzeugung, daß Th. Mann seinen Stil mit der Klassifizierung als parodistisch unterbewertet hat; denn das bezieht nicht die sprachliche Leistung ein, mit der er Verbrauchtes aussagekräftig gemacht hat und mit der es ihm gelungen ist, die deutsche Sprache zu befähigen, mit Scherz Wahrheit zum Ausdruck zu bringen.

Unterrichtshilfen

1
Didaktische Aspekte

Als ein Klassiker der Gattung empfiehlt sich *Doktor Faustus* zur Durchnahme sowohl im GK als auch im LK der Sekundarstufe II. Die Kombination repräsentativer Formen des deutschen mit Zügen des avantgardistischen Romans bzw. deren Diskussion vermittelt die Spezialkenntnis und die Schulung in der Anwendung des Analyseinstrumentariums, wie man sie im LK anstrebt. Das Hauptproblem für den Lehrer heute ist es, dem Ruf der Unlesbarkeit des Werks entgegenzuwirken. Deshalb ist ein Hinweis auf den Humor im *Doktor Faustus,* der, wie Thomas Mann klagt, meist übersehen wird, und der z.B. mit Schildknapp und seinen Schnurren den Roman durchzieht, vor der Durchnahme angebracht. Es ist ratsam, den *Faustus* gegen Ende der Oberstufe einzuplanen, denn die Schüler müssen mit der Geschichte des 20. Jahrhunderts und sollten mit einem Bildungs- oder Zeitroman sowie mit geistesgeschichtlichen Grundbegriffen und literarischen Konventionen vertraut sein. Die Kenntnis Nietzsches oder des Goetheschen *Faust* wäre ein natürlicher Anknüpfungspunkt für die Lektüre. Am fruchtbarsten wäre eine Durchnahme in Zusammenarbeit mit den Fächern Geschichte, Philosophie und Musik.

Die beste Rechtfertigung der Lektüre liefert der fiktive Erzähler, wenn er in den Betrachtungen über die Zukunft seines Werks die Zeit des Lesers gleichwertig neben die historische Zeit der Erzählhandlung und die Erzählergegenwart stellt. Damit erklärt er die Rezeption zum immanenten Bestandteil des Werks, das ihrer zu seiner Vollendung bedarf. Es befindet sich ja ständig im Werden, denn wenn auch die im Potentiellen der Buchexistenz verharrende künstlerische Schöpfung in sich selbst immer gleichbleibt, so wird sie doch von jedem Leser nach Maßgabe seines Selbstverständnisses sowie seiner geistig-seelischen Façon anders realisiert. Der Roman sichert sich gegen kategorisierende Deutungen ab, indem er sich dem Leser ausdrücklich zu individuell interpretierender Auseinandersetzung anbietet. Diese in Gang zu bringen und dabei das Werk auf dem ihm eigenen Niveau zu interpretieren, ist die Aufgabe des Lehrers. Das Ziel der Durchnahme ist, den Leser zu befähigen, die Auseinandersetzung mit dem Roman selbständig fortzuführen. Aber ein Werk von der Gedankenfülle und kompositorischen Komplexität des *Faustus,* das ein hohes Maß an literarischer Hellhörigkeit und ästhetischer Sensibilität verlangt und dessen Interpretation viel Bildungswissen und literarische Schulung voraussetzt, ist zunächst auf Vermittlung angewiesen.

Der besondere pädagogische Wert der Lektüre liegt in der geistigen Anstrengung beim Nachvollzug einer Art zu denken, die in der Bildungstradition des 19. Jahrhunderts wurzelt und zu der uns die Fähigkeit immer mehr abhanden kommt. Die Einübung in dieses sogenannte „kombinatorische" Denken vermag schon allein, „Betroffenheit durch Fremdverstehen zu sensibilisieren", was wieder als ein „erstrebenswertes Ziel des Literaturunterrichts"[98] gilt. Auch von der Sache her bietet der *Doktor Faustus* dem Leser viel, sei es, daß dieser ein bis ins Detail durchkomponiertes Kunstwerk genießen, sei es, daß er die geistige Situation der Zeit vor Hitler durch die Brille eines sie so bewußt wie wenige erlebenden und zum Zeugen berufenen Kritikers sehen will. Mit der Gestaltung des Vorabends der Naziherrschaft und der Beschwörung des geistigen Klimas, in dem sie gedieh, leistet der Roman einen Beitrag zur Aufklärung und geschichtlich-politischen Bildung, den auch ideologische Gegner Th. Manns heute kaum mehr bestreiten.

2
Unterrichtsreihen

Innerhalb des Kursangebots der Oberstufe kann der Roman beispielsweise im Rahmen der beiden folgenden Unterrichtsreihen behandelt werden:

1. Die Figur des „Faust" als Motiv
   a) Das Volksbuch vom *Doktor Faust*
   b) Johann Wolfgang v. Goethe: *Faust I*
   Faust II (nur auszugsweise)
   c) Thomas Mann: *Doktor Faustus*
2. Bildungsromane im 20. Jahrhundert
   a) Thomas Mann: *Doktor Faustus*
   b) Günter Grass: *Die Blechtrommel*

Mögliche Vergleiche: Entwicklung des Protagonisten – Thematik – Zeitkritik – Erzählstil

Exkurs in Form von Referaten: Beziehungen zur Tradition des deutschen Bildungsromans seit Goethe

Themen für Gruppen- und Einzelreferate

Abkürzungen:

TA	= Tafelanschrift	LK	= Leistungskurs
GA	= Gruppenarbeit	LV	= Lehrervortrag
GK	= Grundkurs	Ref	= Referat
HA	= Hausaufgabe	SV	= Schülervortrag
KRef	= Kurzreferat	UG	= Unterrichtsgespräch

Die nur für LK vorgesehenen Referate sind in [ ] als solche gekennzeichnet. – Im GK können viele Referate auch ohne die angegebene einschlägige Literatur bearbeitet werden. Im LK dagegen sollte diese aus Gründen des besonderen Lernziels, die Kollegiaten im Umgang mit Sekundärliteratur zu schulen, möglichst herangezogen werden.

Gruppenreferate: GA (mit jeweils 3–5 Teilnehmern) sowie SV sind unerläßliche Voraussetzung für die praktische Durchführung der Unterrichtsreihe, denn die Stoffülle verlangt nach Arbeitsteilung. Wir machen Vorschläge, die verschiedene Interessen berücksichtigen und dennoch den Zusammenhang der Unterrichtsreihe bewahren.

Gruppe A. Konfiguration der Personen (Verteilung der Aufgaben pro Schüler s. Nr. 1–3)
– Erste und letzte Erwähnung, erstes und letztes Auftreten einzelner Personen. – Wann werden sie ausführlich beschrieben, wann haben sie ihren größten Auftritt? – In welcher Verbindung steht ihr Auftreten mit Leverkühn? – Nach Kapiteln gegliederte graphische Darstellung in farbigen Linien für folgende Personen: 1. Zeitblom; Vater; die Mütter [Frau Leverkühn, Rodde, Manardi, Schweigestill]; die Schwestern [Ursula Leverkühn, Clarissa und Ines Rodde]. 2. Kretzschmar; die Teufelsverkörperungen Schleppfuß, der Fremdenführer, die Ärzte, Fitelberg. 3. die Freunde [Schildknapp, Schwerdtfeger]; die Frauen um Leverkühn [Esmeralda, Frau von Tolna, Marie Godeau, Meta Nackedey, Kunigunde Rosenstiel]; Echo. – Wer von ihnen ist bei Leverkühns Abschiedsgesellschaft (Kap. 47) noch anwesend? Wie ist das Verhältnis der dort hinzugekommenen Personen zu Leverkühn? (Dazu Voss, L.: a.a.O., 87–92)

Gruppe B. Der Parallelismus als Beispiel für den Konstruktivismus des „intellektualen Romans". Vergleich von Hof Buchel mit dem Hof der Schweigestills.
Kennzeichen des „intellektualen Romans" ist neben der Gedanklichkeit des Inhalts der Konstruktivismus des Aufbaus als ein System vielfacher Korrespondenzen, das selbst zum Inhalt des Romans wird.
– Die Vorausdeutung auf die „Nachahmung" des „Schauplatzes" von Leverkühns „Frühzeit" (29) ist als Hinweis auf den nicht-mimetischen Charakter der Darstellung zu bedenken. Übereinstimmungen, Unterschiede und deren Tendenz sind zu beschreiben an Personen, Requisiten des „Schauplatzes", den Motiven und ihrem Stellenwert in der alten und neuen Umgebung sowie an der davon geschaffenen Atmosphäre und allegorischen Bedeutung der „Schauplätze".

Gruppe C. Die Funktion der Werkbeschreibungen von Leverkühns Kompositionen in inhaltlicher und formaler Hinsicht [LK]

– Erklärung des Erzählerkommentars „Es wendet Musik hier ihr Auge auf sich selbst ... dieses verwandelnd-verwandt ineinander Verwoben- und Verschlungensein aller Dinge – das ist sie“ (184). – Chronologie und Beschreibung der Kompositionen (s. Klammern): Symphonische Phantasie *Meerleuchten*, ca. 1905 (151 f., 179); Liedkompositionen nach Texten Dantes, Verlaines und Blakes, 1906 (161–163, 165 f.); Komische Oper *Love's Labour's Lost*, ca. 1906–1913 (163–165, 215–218, 262 f.); Brentano-Gesänge, 1906–1910 (182–185); Liedkompositionen nach Gedichten Blakes, Keats' und Klopstocks, 1913 (264–266); Orchesterphantasie *Die Wunder des Alls*, 1913–1914 (275 f.); Opernsuite nach den Gesta Romanorum, ca. 1915 (316–321); Violinkonzert, zwischen 1919 und 1924 (315, 394, 408–10); Oratorium *Apocalipsis cum figuris*, 1919 (355–360, 370–378); Kammermusikalische Werke, 1927 (455–457); Oratorium *Dr. Fausti Weheklag*, 1927–1930 (484–490). Die Bemerkungen über Leverkühns Kompositionstechnik und -stil sind zu sammeln und als Kommentar zum Roman, insbesondere seiner Komposition, zu benutzen. (Dazu Bludau, B.: a.a.O., 214–225; Brode, H.: a.a.O.; Förster, W.-D.: a.a.O.)

Gruppe D. Gesellschaftliche Gruppierungen
– Charakterisieren Sie die gesellschaftlichen Kreise, mit denen Leverkühn in Berührung kommt, nach Art, gesellschaftlichem Rang und geistiger Repräsentanz ihrer Mitglieder für die gesellschaftlich-politische Situation, die der Roman vergegenwärtigt (Kap. 6–9; 11–14; 20, 23, 28, 29). (Dazu Wiegand, H.: a.a.O., 177–185)

Gruppe E. Die Befunde der Kridwiß-Runde (s. Abschn. 5.3 dieser Arbeit) [LK]
– Definition und Veranschaulichung folgender Stichworte aus Kap. 34: Versorgung der Massen mit mythischen Fiktionen; populäre, massengerechte Mythen; Fabeln, Wahnbilder, Hirngespinste; gemeinschaftsbildender Glaube, das fruchtbare Falsum; intentionelle Re-Barbarisierung; Kluft zwischen Wahrheit und Kraft; Bereitschaft zum sacrificium intellectus; Autorität der Gemeinschaft. – Es soll herausgearbeitet werden, womit sich das hier entworfene Zukunftsbild als Vorausschau des Nationalsozialismus bzw. der auf die „bürgerliche Verfeinerung“ folgenden Welt erweist.

Einzelreferate: Die Fragen, Stichworte und Vorbemerkungen sind als Denkanstöße zu verstehen. Die Themen sind meistens in Form von Zitaten aus dem *Faustus* und seinen Nebenschriften gegeben, um ihre Sachbezogenheit zu unterstreichen.
a) Die geographische Karte
– Schauplätze des Romans, fiktive und wirkliche Orte, Reiseziele. Charakterstik der Orte, ihre Unterscheidungsmerkmale; Lebens- und Gei-

stesbereiche, die sie repräsentieren. (Für 3 Schüler: Kap. 1–16, 17–33, 34 bis Schluß)

b) Von „Altertümlichkeit und Gebundenheit ... der deutschen Seele"
Die Atmosphäre der Dürer-Faust-Zeit: „Die Physiognomien der Eltern Adrians sind dem Melanchthon und der ‚jungen Deutschen aus Venedig' nachgebildet, die des Onkel-Instrumentenmachers dem ‚Baumeister Hieronymus von Augsburg'", schreibt Th. Mann an Hans Ulrich Staeps am 9.6.1952. Die Dürer-Vorlagen verstärken die altdeutsche Atmosphäre. Im Roman sind sie nicht erwähnt; anscheinend ist beabsichtigt, beim Leser ein Déjà-vu-Erlebnis hervorzurufen.
– Die drei Bilder sind zuerst zu beschreiben. Dann ist zu fragen, welche Empfindungen und Assoziationen sie beim Betrachter wecken, u. z. wenn er sie sich als Porträts von Menschen ihrer Zeit, der Jahrhundertwende oder unserer Zeit vorstellt. Der Zweck ist, die Einstellung zum Veralteten bewußt zu machen und zu bestimmen, wie sich die Wertschätzung des Gleichen im Lauf der Zeit wandelt. Nach der Lektüre ist die eigene Beschreibung mit der im *Faustus* zu vergleichen und deren Tendenz herauszuarbeiten. (Dazu: Bild und Text bei Thomas Mann, Eine Dokumentation. Hrsg. v. H. Wysling, Bern 1975, 358–405)

c) „Ein konservativer Revolutionär". Lutherbild und -tradition im Roman
– Analyse der Argumente und Argumentationsweise Professor Kumpfs. Welche Funktion haben seine Vorlesungen im Roman? – Welche Züge des landläufigen Lutherbildes konstituieren Kumpfs „wuchtige Persönlichkeit" (96)? Was bedeutet Kumpfs bewußte Imitation Luthers im Kontext des Romans? – Diskussion der These von der Prägung des deutschen Geistes und Charakters durch das überlieferte Lutherbild. (Dazu Lehnert, H.: a.a.O., 195–202; Thomas Mann: „Deutschland und die Deutschen". GW, XI, 1126–1148)

d) Die Studentenverbindung Winfried und die Kridwiß-Runde (Kap. 14 u. 34)
– Der Vergleich erfolgt unter der Frage: Inwieweit ist die in der Kridwiß-Runde zum Vorschein kommende Gesinnung bei den Studenten schon angelegt? Was war also voraussehbar, und inwiefern unterstützt das die politische Aussage des Romans, daß in der Geschichte Deutschlands alles vorgezeichnet gewesen sei (s. 451, 481)?

e) Der Teufelspakt nach dem Volksbuch und nach Goethes *Faust* (s. Abschn. 4.1, 4.2 dieser Arbeit; dazu Heftrich, E.: a.a.O., 263–269)

f) Die Musik als „Paradigma" und „Mittel", „die Situation der Kunst ... in unserer durch und durch kritischen Epoche auszudrücken" (s. Abschnitt 2.2 dieser Arbeit) [LK]
1. KRef über das Kunstgespräch in Kap. 25 (Dazu Wiegand, H.: a.a.O., 164–176)

2. KRef über die Werkbeschreibung der Apokalypse (357–378) und der Weheklag (484–490)

– Darlegung der Kunsttheorie in ihrem Zusammenhang mit der schriftstellerischen Praxis: In welcher Weise spiegelt der Roman das Problem der modernen Kunst? Welche Aussagen über die Situation der modernen Musik betreffen die der modernen Literatur im allgemeinen? Welche handeln von den besonderen Schwierigkeiten dieses Romans? Wie sind moderne Musik und Erzählweise aufeinander bezogen? (Dazu Bergsten, G.: 1973, a.a.O., 109–121 u. 211–258)

g) Th. Manns Faschismusbegriff und dessen Einfluß auf den Faustus [LK]

1. Darstellung der Mannschen Faschismustheorie nach Kurzke, H.: a.a.O., 222–26, 279 f.

2. Ihre Besonderheit im Unterschied zu nicht-bürgerlichen Faschismustheorien

3. Ihr Niederschlag im *Faustus*

4. Das „Faustische" und der Faschismus. Dazu Schwerte, H.: Faust und das Faustische. Ein Kapitel deutscher Ideologie. Stuttgart 1922 zum Vergleich der Bewertung des „Faustischen" mit Gedanken Lukács' dazu; zum Vergleich mit neueren Faschismustheorien vgl. außer Kurzke noch Futterknecht, F.: a.a.O.; Lehnert, H.: Bert Brecht und Thomas Mann im Streit über Deutschland, in: Spalek, J. M. u. Stelka, J. (Hrsg.): Deutsche Exilliteratur seit 1933. Bd. 1. München 1976, 62–88; Sontheimer, K.: Thomas Mann und die Deutschen. München 1961; Sternberger, D.: a.a.O., 66–108

3
Unterrichtssequenz für den Grundkurs

Der *Faustus* ist so aufgebaut, daß man ohne Kenntnis des Ganzen wenig Sinnvolles über einzelne Kapitel sagen kann. Deshalb ist bei der intensiven Durchnahme von einem schrittweisen Vorgehen nach Kapitelsequenzen abzuraten. Wir schlagen vor, den Roman zuerst zum zügigen Lesen in 5 Abschnitten aufzugeben und danach oder jeweils nach dem 2., 4. und letzten Abschnitt durch Kontrollfragen den Sach- und Kausalnexus des Romans zu erarbeiten. Für die vertiefende Besprechung sind die dazu aufgegebenen Textstellen zum zweiten Mal (close reading) zu lesen, im Hinblick auf den jeweils anzukündigenden Unterrichtsgegenstand. Dazu sind den Schülern Leitfragen und Gesichtspunkte der Besprechung für die häusliche Lektüre mitzuteilen.

Während des ersten Lesens legen die Schüler eine Liste der Schauplätze, der wichtigsten Nebenpersonen in Beziehung zu Leverkühn, der Werke Leverkühns mit Ort und Zeit ihrer Entstehung sowie der im Roman erwähnten historischen Epochen und ihrer Charakteristiken an. Zu achten wäre auf den Erzähler und wie er sich rechtfertigt, auf Jonathans Experimente (das Motiv des Spekulierens), die Rolle der Frauen und Schildknapps, das Motiv der Krankheit und das Verhältnis von Rahmen- und Binnenhandlung.

Sachfragen zur Klärung des inhaltlichen Zusammenhangs

1. Stunde

Zu Kap. 1–12:

– Warum schreibt Zeitblom Leverkühns Biographie, obwohl er der Aufgabe nicht gewachsen sein will? In welcher Hinsicht unterscheidet er sich von Leverkühn (Geistigkeit, Temperament, Herkunft, Erziehung, Beruf)?

– Wie prägen Hof Buchel, Kaisersaschern und Halle den Helden? Welche Bildungserlebnisse vermitteln sie ihm? Was ist der gemeinsame Nenner dieser ihn prägenden Ortserlebnisse, und inwiefern weist er auf die Wahl der Theologie als Studienfach?

– Wie äußert sich Leverkühns Hochmut in dem, was er sein „Interesse" nennt, und seinen mitmenschlichen Beziehungen? Wieso disponiert Hochmut (superbia) zum Teufelspakt?

Zu Kap. 13–22:

– Worin berühren sich Theologie und Dämonologie? Was macht dem Humanisten Zeitblom die Theologie verdächtig, und wie bestärken ihn darin die Hallenser Erfahrungen?

– Warum wechselt Leverkühn von Theologie zu Musik?

– Wie geht Leverkühns Verführung vor sich? Welche Züge bereits aufgetretener Personen kennzeichnen den Fremdenführer in Leipzig? Wo holt sich Leverkühn die Syphilis? Welche Heilungsversuche unternimmt er und mit welchem Erfolg?

– Welche grundlegenden Gedanken zur zeitgenössischen Situation der Kunst äußert Leverkühn in Kap. 21? Wie definiert er dort sein künstlerisches Credo vom „strengen Satz", und in welcher Beziehung steht die Klangchiffre h e a e es zu diesem sowie zu der syphilitischen Ansteckung?

2. Stunde

Zu Kap. 23–28:

– Warum geht Leverkühn von München nach Palestrina?

– Inwiefern ähnelt die Familie Manardi Leverkühns Familie, und welche Hinweise auf Krankheit und Dämonie enthält ihre Beschreibung?

– Wie ist die Teufelserscheinung psychologisch und musikalisch vorbereitet? Welche Gestaltwandlungen macht der Teufel durch? Was enthüllt er Leverkühn über dessen Vergangenheit und Disposition zum Pakt mit ihm?

– Warum zieht Leverkühn zu den Schweigestills nach Pfeiffering? – Wovon kündet die Komposition „Die Wunder des Alls“?
– Welche provokativen Ideen äußert Breisacher? Wie reagiert darauf die Gesellschaft?

Zu Kap. 29–34:
– Wie unterscheiden sich Ines und Clarissa Rodde hinsichtlich ihrer Bürgerlichkeit?
– Die unterschiedlichen Reaktionen Leverkühns und der Münchner Gesellschaft auf den Ausbruch des Ersten Weltkriegs; Leverkühns Theorie vom „Durchbruch“
– Warum heiratet Ines Helmut Institoris? Wieso wird ihr Leben trotzdem zu einer „unbürgerlichen Aventüre“?
– Wie entwickelt sich Leverkühns Verhältnis zu Schwerdtfeger?
– Was sind die Hauptideen der Kridwiß-Runde über bürgerliche Kultur, insbesondere über die Begriffe Fortschritt und Rückschritt? Wie ist die These vom Umschlag des Ästhetizismus in Barbarei begründet?

3. Stunde
Zu Kap. 35 – Nachschrift:
– Wie und warum stirbt Clarissa Rodde? – Wie endet ihre Schwester Ines?
– Wer ist Frau von Tolna, und wie wirkt sie in Leverkühns Leben hinein?
– Wozu will Fitelberg Leverkühn verführen?
– Worin besteht der Versicherungsschwindel des Herrn von Gleichen-Rußwurm, und wieso ist diese Anekdote eine Parodie auf den „Durchbruch“?
– Warum will Leverkühn Marie Godeau heiraten? Warum bittet er Schwerdtfeger, sein Brautwerber bei ihr zu sein?
– Was verbindet Leverkühn mit Echo Schneidewein, und wieso gibt er sich die Schuld an dessen Tod? Inwiefern nimmt Echos Ende motivisch dasjenige Leverkühns vorweg, und welche anderen Vorausdeutungen enthält die Echo-Episode?
– In welcher Hinsicht ist das Oratorium *Dr. Fausti Weheklag* Leverkühns musikalisches und philosophisches Vermächtnis? Warum lädt er zu einer Abschiedsgesellschaft ein, und was offenbart er den Gästen über sein Wollen, Gelingen und Scheitern?
– Wie verläuft Leverkühns Ende? In welchem Licht erscheint dabei Frau Schweigestill?
– Worum bittet Zeitblom in dem Gebet, mit dem er die Niederschrift beschließt? In welcher Beziehung stellt sich ihm Leverkühns und Deutschlands Schicksal dar?

Die Sachfragen genügen dazu, das Gerüst für die Besprechung zu erstellen. Der Lehrer, der die Reihe nach eigenem Gutdünken planen will, kann von der Skizze unter „Interpretationsfragen" ausgehen.

Interpretationsfragen

1. Die Symbolik der Schauplätze
   – Was tragen die verschiedenen Orte als Stationen der Biographie zu Leverkühns Entwicklung bei? Wie ist es zu beurteilen, daß Leverkühn am Ende an die Stätte seiner Kindheit zurückkehrt?
   – Worin entsprechen sich Hof Buchel und der Hof der Schweigestills?
   – An welchen Schauplätzen ist welche geschichtliche Vergangenheit noch lebendige Gegenwart?
   – Erörtern Sie das Geschichtsbild des Romans im Licht Ihrer Antworten.

2. Die Zeitebenen
   – Welches sind die Zeiten von Binnen- und Rahmenhandlung? Wo und wie sind die beiden Zeitebenen parallelgeführt und miteinander verkoppelt? Was bewirkt die Synchronisierung der Zeiten in des Erzählers Exkursen zum Zeitgeschehen?
   – Welche dritte Zeitebene kommt zu den beiden hinzu, und zu welcher Aussage verdichtet sich das Spiel mit den Zeiten (481)? Welche Zeitspanne umfaßt dann der Roman (s. S. 7 dieser Arbeit)?
   – Wie reflektiert die in dem Roman eingeschlossene Geschichte der Musik diese Zeitspanne (s. S. 25 ff. dieser Arbeit)? Was sagt Zeitblom zur Geschichte der „Emanzipationsepoche", und zu welchen Einsichten dazu gelangt er durch die Diskussionen bei Kridwiß?

3. Der Erzähler
   – Was macht Zeitblom zum undämonischen Medium der Erzählung? Was kennzeichnet seine Erzählperspektive? Wieso unterstreicht diese, daß der Erzähler nicht mit dem Autor identisch ist?
   – Welche Rolle hat er als handelnde Person im Geschehen?

4. Das Künstlerleben als Paradigma
   – Was meint T. Mann damit, Zeitblom und Leverkühn hätten zu viel zu verbergen, „nämlich das Geheimnis ihrer Identität"?
   – Welche Stadien durchläuft Leverkühn als Mensch und Künstler? Wie spiegelt sich in den Werkbeschreibungen diese Entwicklung? Wie ist seine Biographie mit dem Zeitgeschehen verzahnt?
   – Wieso ist Leverkühns „Durchbruch" musikgeschichtlich notwendig (s. Abschn. 2.1 dieser Arbeit)?
   – Warum nimmt Leverkühn nach Echos Tod Beethovens Neunte zurück?

5. Das Faustmotiv und die Krankheit als Teufelspakt
   – Mit welchen Gründen rechtfertigt der Teufel die krankhafte Entzündung des Geistes als Inspiration? Wo und wie ist das Motiv der Krankheit außerhalb des Leverkühn-Komplexes behandelt?
   – Welche kranken Künstler waren für die Leverkühnfigur Modell (s. Abschn. 7.2 dieser Arbeit)?
   – In welcher Beziehung stehen das Erotische und das Dämonische? Inwiefern findet Zeitblom Leverkühn nach dessen Bordellbesuch in Leipzig als einen Gezeichneten vor?
   – Welche Züge verraten den Fremdenführer in Leipzig als Teufelsfigur? Wie ist insbesondere die Ähnlichkeit mit Schleppfuß zu deuten? Auf welche vergangenen und zukünftigen Ereignisse verweist die Beschreibung des Bordellbesuchs?

6. Die bürgerliche Gesellschaft
   – Charakterisieren Sie die Roddes als Beispiele verfallender Bürgerlichkeit.
   – Beschreiben Sie die Geselligkeit in den Münchner Salons als eine Parodie der bürgerlichen Kultur? Wie fühlt sich Zeitblom dort, und warum?
   – Diskutieren Sie die neo-barbarischen Ideen der Kridwiß-Runde im Hinblick auf Herkunft, soziale Klasse und Geistigkeit der Diskutanten.
   – Worin besteht die Dialektik von Ästhetizismus und Barbarei? – Wodurch ist Leverkühn, gesellschaftlicher Außenseiter und unbürgerlicher Künstler, in den Niedergang der Bürgerlichkeit verflochten?

7. Leitmotivtechnik
   – Welche Einzelheiten, ob Dinge, Eigenschaften oder Gewohnheiten, wiederholen sich auffallend und erfüllen damit die Vorbedingung des Leitmotivs? Verfolgen Sie eins davon, z.B. Röte, Blut, Lachen, (Kopf)Schmerzen, Kälte oder die blauen Augen, und deuten Sie es im Sinne des Autors als „symbolisches Formelwort“, d.h. erläutern Sie den vom Leitmotiv evozierten Sinnzusammenhang.
   – Zum musikalischen Aufbau und zur Zwölftonmusik als Gegenstand und vermutetes Strukturelement des Romans (s. Kap. 6 dieser Arbeit).

8. Sprache und Stil
   – Was kennzeichnet Zeitbloms Humanistendeutsch?
   – Geben Sie Beispiele für die Sprachschichten des Altdeutschen, der Mundart, der Anglizismen und des Jargons der Kriegsberichterstattung, dessen sich Zeitblom in den Exkursen zum Zeitgeschehen befleißigt, und diskutieren Sie die Bedeutung der Sprachmischung (s. Abschn. 7.3 dieser Arbeit).

Verlaufsplan im Anschluß an die Klärung des inhaltlichen Zusammenhangs (1.–3. Stunde)

4. Stunde [= 1. Stunde, falls Einführung vor der Klärung des Inhalts gegeben werden soll.]

Gegenstand	Einführung in den Problemkreis des Romans und Th. Manns Schaffen
Didaktische Aspekte	Die Schüler sollen die Bedingungen, unter denen das Werk entstanden ist, und die Reaktion des Lesepublikums, besonders des deutschen, beim Erscheinen des Romans kennenlernen und in die Ideenwelt des Autors Einblick bekommen.
Unterrichtsverlauf	1. LV über Entstehung und Rezeption (s. Kap. 1 dieser Arbeit), das Faustmotiv und seine Neukonzeption (s. Abschn. 4.1, 4.2 dieser Arbeit), das Dämonische (s. u. Anm. 46, 47) und den Autor 2. Freies UG
Methodische Hilfen/ Impulse	1. Für Informationen zum LV ist in Klammern auf die einschlägigen Kapitel des Interpretationsteils verwiesen 2. UG als Gelegenheit für die Schüler, sie beschäftigende Fragen zu stellen, für den Lehrer, den Humor im *Faustus* durch Vortrag von Schildknappanekdoten (179, 184) oder des Versicherungsschwindels des Herrn von Gleichen-Rußwurm mit dem Hinweis darauf, daß diese Episode als Parodie auf den „Durchbruch" zu lesen ist, zur Geltung zu bringen.
Hausaufgabe	Lektüre Kap. 1, 2. Identifizierung der dort eingeführten Themen und Zusammentragen von Beispielen zu ihrer Illustration

5./6. Stunde

Gegenstand	Kontrast Erzähler/Held; Thematik; Schauplätze und Personen
Didaktische Aspekte	Erfassen der Erzählintention und des Gesamtbilds in groben Zügen
Unterrichtsverlauf	1. UG Entgegensetzung von Leverkühn und Zeitblom (Tafelbild) 2. UG Gegensatz von humanistisch und dämonisch (Tafelbild) 3. UG über die in Kap. 1 angeschlagenen Themen 4. KRef a) 5. SV Gruppe A

Methodische Hilfen/ Impulse	Leitfragen zu UG: 1. Was motiviert Zeitblom zur Niederschrift? Warum fühlt er sich der Aufgabe nicht gewachsen? Was verbindet, was trennt Leverkühn und Zeitblom? Was hebt dieser in seinem Bericht über seine Herkunft hervor? 2. Was besagen in diesem Zusammenhang die Begriffe humanistisch und dämonisch? Worin liegt ihre Relevanz im Kriegsjahr 1943? 3. Mit welchen Bemerkungen Zeitbloms sind die Themen Einsamkeit, Wahnsinn, Krankheit und Intoxikation, Pakt, Liebesunfähigkeit und Kälte eingeführt? Welche davon verweisen auf die Faustsage, welche auf die Erzählgegenwart?
Hausaufgabe	Lektüre Kap. 3, 4, 26; 6,12

7./8. Stunde

Gegenstand	Die „altdeutsche Ursprungslandschaft“ Leverkühns und deren bewußte Nachahmung
Didaktische Aspekte	Erkennen des ‚Altdeutschen‘ als prägend im geistig-seelischen Habitus der Deutschen
Unterrichtsverlauf	1. SV Gruppe B 2. UG über a) altdeutsche Kulissen, b) Personen mit altdeutschen Zügen, c) das Phänomen der „seelischen Altertümlichkeit“ und seine Verwendung als Motiv 3. KRef b) und KRef c)
Methodische Hilfen/ Impulse	Leitfragen zu UG: a) Welche Teile des Romans haben eine altdeutsche Kulisse? Warum? Wodurch unterscheiden sie sich von anderen Romanpartien? b) Worin bestehen die altdeutschen Züge gewisser Personen und Gruppen? Welche Funktion haben diese im Roman? c) Unter welchem Gesichtspunkt, dem psychologischen, soziologischen oder historischen, betrachtet der Erzähler das Phänomen der „seelischen Altertümlichkeit“?
Hausaufgabe	Lektüre Kap. 5, 7, 10; S. 120f., 127, 138; Kap. 17; S. 190–95, 249, 370, 402–4

9. Stunde

Gegenstand	Persönlichkeit und Paradigmatik Leverkühns
Didaktische Aspekte	Erfassen von Leverkühns Denkweise, seiner Philosophie und Funktion als Paradigma

Unterrichts-verlauf	1. UG Leverkühns Geistigkeit und die darin begründete Studienwahl 2. UG Leverkühn im Kontrast zu und im Zerrspiegel der Winfried-Studenten 3. KRef d) 4. UG Leverkühn als Paradigma der Epoche
Methodische Hilfen/ Impulse	Leitfragen zu UG: 1. Warum wählt Leverkühn Theologie, dann aber Musik als Studienfach? Was hat die Wahl mit seiner Vorliebe für Mathematik zu tun? Wieso führt das alles zu seinem System des „strengen Satzes"? 2. Was hält er von der Freiheit sowohl als philosophisches wie musikalisches Prinzip? Welche Beispiele, u. a. aus der Rahmenhandlung, die die Drangabe dieses Prinzips und deren politische Folgen zeigen, können Sie nennen? – Wie äußern sich die Winfried-Studenten, wie Breisacher, wie die Kridwiß-Runde in dieser Hinsicht? Zu 4.: UG kann von SV über „Warum Faust" (s. Abschn. 4.2 dieser Arbeit) ausgehen
Hausaufgabe	Kap. 16, 17, 19; S. 228–237, 249; Kap. 44, 45

10. Stunde

Gegenstand	Die genialisierende Krankheit und ihre Einmontierung in den Faust-Komplex
Didaktische Aspekte	Verstehen der von der Tradition abweichenden Konzeption des Faustischen, insbesondere der Auffassung, daß Intoxikation das Mittel zur Kreativität ist
Unterrichts-verlauf	1. SV KRef. e) 2. UG über a) Namen der Krankheit, ihre Sinnbildlichkeit und ihren Assoziationsreichtum, b) Rolle der Krankheit, c) Krankheit der Zeit, d) Leverkühn und Echo
Methodische Hilfen/ Impulse	Die Umschreibungen für die Krankheit, ihre Erreger und Symptome, wie Flagellaten, Flagellanten, flagellum haereticorum fascinariorum, Büßerzunft, die Kleinen (vgl. Goethe „die Kleinen von den Meinen"), bilden ein Beziehungsgeflecht, dessen Untersuchung auch einen ersten Eindruck von der Sprach- und Motivkunst vermittelt. Leitfragen zu UG: 1. Auf welche Zeit und Sphäre spielen sie an? Warum? 2. Warum bedarf der Künstler dieser Zeit der Steigerung durch Intoxikation?

	Wodurch erscheint gerade die Syphilis dazu geeignet (vgl. Nietzsche)? Und warum erweist sie sich an Leverkühn als besonders wirksam? – Wie spiegeln die anderen Kranken, z. B. Echo, Spengler und Ines, Leverkühns Schicksal (es bestätigend, parodierend, travestierend)? 3. Welchen Zusammenhang erörtert Zeitblom, wenn er zwischen Leverkühn und dem Zeitgeschehen Beziehungen herstellt? 4. Warum geht Leverkühn Echos Krankheit so nahe?
Hausaufgabe	Lektüre Kap. 25; dazu EDF, 165 ff. und Heller, E.: a.a.O., 307–332

11. Stunde

Gegenstand	Das Teufelsgespräch
Didaktische Aspekte	Einsicht in das Problem der Kunstkrise als eines Symptoms für das Epochenende sowie die durch dieses Thema bedingte Umfunktionierung des Paktmotivs
Unterrichtsverlauf	UG: 1. der Pakt und seine Wirkung 2. die Diagnose der Kunstkrise als Zeitkrankheit („Schuld der Zeit")
Methodische Hilfen/ Impulse	Leitfragen zu UG: 1. Inwiefern vertritt die Ansteckung den Pakt mit dem Teufel? – Was ist Leverkühns besondere Disposition zum Pakt? 2. Woran krankt die Kunst? Wieso legt der Zwang zur Originalität den Todeskeim in die neuere Kunst? Wieso ist sie nach Lage der Dinge jetzt zur Parodie verdammt? – Warum gehen der Teufel und später Leverkühn mit dem Schein der Kunst und der „harmonischen Subjektivität" besonders scharf ins Gericht? – Welche politischen Untertöne hat des Teufels Angebot von „Lebenswirklichkeit"?
Hausaufgabe	Lektüre Kap. 23, 28, 29, 32, 35

12. Stunde

Gegenstand	Die bürgerliche Gesellschaft
Didaktische Aspekte	Begreifen des Verfallsprozesses bürgerlicher Gesittung
Unterrichtsverlauf	1. SV Gruppe D 2. UG über Exponenten des Bürgertums: a) die Roddes, b) Zeitblom, c) Kridwiß-Runde

Methodische Hilfen/ Impulse	Das Thema erscheint in dreifacher Variation: als vitale Schwäche, als Flirt mit dem Unbürgerlichen bzw. als Verrat an bürgerlichen Idealen und als Wirkungslosigkeit noch intakter Bürgerlichkeit in der Auseinandersetzung mit den sie korrumpierenden Gegenkräften. Die Befunde der Kridwiß-Runde – parodierende Anspielungen auf die modische Kulturkritik, mit der die geistige Avantgarde dem Nazismus den Weg bereitete – bestärken Zeitblom in dem Gefühl, daß eine „Mutation des Lebens“ (353) sich vollziehe. UG erfolgt unter der Frage: Womit erweist sich das von der Kridwiß-Runde entworfene Zukunftsbild als Vorausschau auf den Nationalsozialismus und eine auf die „bürgerliche Verfeinerung“ folgende Welt?
Hausaufgabe	Lektüre Kap. 12, 16, 17, 25, 47

13. Stunde

Gegenstand	Erzählstil und -techniken
Didaktische Aspekte	Erkennen der verschiedenen Sprachschichten, ihrer Sinnbildlichkeit und Funktion sowie Einblick in die Leitmotivtechnik
Unterrichtsverlauf	UG: 1. das Altdeutsche und seine Sprecher 2. Analyse dieses Sprachgebrauchs 3. Mundart, Kindersprache und Anglizismen 4. Zeitbloms „Humanistendeutsch“ im Kontrast zu den anderen Sprachschichten 5. Leitmotivtechnik
Methodische Hilfen/ Impulse	Leitfragen zu UG: 1. Wer benutzt das sogenannte Altdeutsch, bei welchem Anlaß und, ggfs., mit welcher Begründung? Was sagen die Sprecher selbst über seinen Charakter? Wie kommentiert Zeitblom diesen Sprachgebrauch im Falle Leverkühns (144 ff.)? 2. Wofür ist der altdeutsche Sprachgebrauch jeweils ein Zeichen: bei Kumpf („seelische Altertümlichkeit“), Leverkühn (Mittel der Selbstparodie), dem Teufel (Mittel der Satire)? 3. und 4. Zu den Sprachschichten und ihrer Bedeutung, insbesondere den Anglizismen und dem Humanistenstil, s. Abschn. 7.3 dieser Arbeit. 5. Welche sich wiederholenden Motive fallen als Leitmotive ins Auge? Auf welche Eigenschaften von Personen spielen sie an, und welche Zusammenhänge (Gruppen, Affinitäten geistiger oder seelischer Art) stiften sie (s. Abschn. 6.2 dieser Arbeit)?

4
Additum für den Leistungskurs

Zur 11. Stunde GK: SV KRef f) – Zur 12. Stunde GK: SV Gruppe E, KRef g)

Neue und erweiterte Unterrichtseinheiten:

12./13. Stunde (nach 11. Stunde des GK mit neuer HA: Lektüre (161–65, 182–85, 215–18, 262–66, 275f., 316–21, 455–90 sowie Kap. 34)

Gegenstand	Leverkühns Werke in ihrer Verknüpfung mit dem Zeitgeschehen
Didaktische Aspekte	Verständnis der Werkbeschreibungen als Entwicklungsgeschichte des Helden und der durch ihn repräsentierten Epoche
Unterrichtsverlauf	1. SV Gruppe C, dazu UG: 2. Werke der Konvention 3. Werke im Zeichen der krankhaften Inspiration und des sich ankündigenden Durchbruchs 4. Das Spätwerk
Methodische Hilfen/ Impulse	Es sind herauszuarbeiten: Erlebnisse und Verfassung des Helden, wie sie sich im Werk niederschlagen; Bezug der Werke zu Inhalt und Thema der jeweiligen Kapitel; das Werk als Spiegel des Epochengeistes (vgl. dafür verwendete Symbole und Metaphern, z.B. die vom toten Zahn; s. 151, 368, 370, 372); die Wandlungen des Anteils von Parodie und Pathos; musikalische Einflüsse; Aufnahme durch Publikum und Kritik. – Wieso spiegelt dieser musikalische Werdegang die geschichtliche Evolution der musikalischen Sprache?
Hausaufgabe	s. HA 11. Stunde GK

15./16. Stunde (zur Doppelstunde erweiterte 13. Stunde des GK)

Methodische Hilfen/ Impulse	Folgende Aufgaben zur Erzähltechnik sind hinzuzufügen: SV über Abschn. 6.2 dieser Arbeit; Analyse der Textstellen (26f., 177, 199, 290, 348, 352, 416, 426f., 460, 470, 478) hinsichtlich des Leitmotivs der blauen Augen. Im UG sind folgende leitmotivische Bereiche zu erörtern: *Kleidung:* rote Mütze, breiter Hut. *Physiognomie:* Mandelaugen, Grübchen. *Mimik:* verschmitztes Lächeln, starrer Blick. *Gestik:* Handbewegung, Kopfhaltung. *Gemütsbewegung:* Bangen, Triumphgefühl. *Befinden:* Kopfweh, Schwermut. *Sprechweise:* Redensarten, Stimmklang. *Symbole:* Ring, Pfeil. *Zentrale Begriffe:* Vermählung, Empfängnis, Geheimnis, Opfer. *Farben:* blau, rot.

	– Welche Personen sind mit leitmotivischen Attributen dieser Art ausgestattet? Welche sind durch gleiche oder ähnliche Leitmotive verbunden? Welchen Sinn hat die so vorgenommene Gruppierung? – Inwiefern besteht Identität zwischen den Blauäugigen? Mit welcher Bedeutung wird das Motiv bei seinem ersten Auftauchen befrachtet? Wie wird diese Bedeutung in neuen Zusammenhängen variiert? Welche Assoziationen wecken allein die Bezeichnungen stahlblau, azurblau und zyanenblau? Auf wen ist mit den „blond bewimperten Blauäuglein" (27) des Schweinekobens angespielt, und welche weiteren Anspielungen auf diese Person enthält die Beschreibung? – Welche Personenkonstellation ergibt sich durch die schwarzen, die braunen und die mischfarbenen Augen? – Inwiefern sind Wiederholung, Variation und Parallelismus musikalische Techniken (s. Kap. 6 dieser Arbeit)? – Worin unterscheidet sich Manns Montagetechnik, nämlich das Einmontieren „faktischer Wirklichkeit" oder literarischer Vorlagen (als „Zitat") in die Fiktion (s. Abschn. 7.2 und S. 56f. dieser Arbeit), formal und nach ihrer ästhetischen Wirkung von der Döblinschen Collage? – Mit welchen Zügen ist der *Faustus* Geschichts-, Gesellschafts-, Künstler-, Zeit-, Bildungs- und Schlüsselroman (s. S. 30f., s. Anm. 82 in dieser Arbeit)?
Hausaufgabe	Analyse der Kapitelanfänge von Kap. 1, 5, 21, 26, 32, 36, 41, 43, 46 und der Nachschrift im Hinblick auf die Koppelung der Zeiten des Binnen- und Rahmengeschehens

17. Stunde

Gegenstand	Die Zeiten der Romanhandlung
Didaktische Aspekte	Erkennen der Zeitebenen und des Verfahrens ihrer Verschränkung
Unterrichtsverlauf	UG: 1. Analyse des Anfangs von Kap. 21 2. Anfang Kap. 26 3. Ergebnisse
Methodische Hilfen/ Impulse	Der Bemerkung Manns, die Einschaltung des Erzählers biete „die Möglichkeit, die Erzählung auf doppelter Zeitebene spielen zu lassen" (EDF, 164), entsprechen im Roman die Hinweise auf die bewußte Verwendung der Zeit bei seiner Komposition (vgl. 230f., 241, 251–53, 481f.; dazu noch Bergsten, G.: 1973, a.a.O., 173ff.; Vogel, H.: a.a.O.). UG erfolgt unter den Leitfragen:

	– Mit welchen sprachlichen und motivischen Mitteln suggeriert der Erzähler einen Gleichlauf der Zeiten? Was bezweckt er damit? Dazu einige Beispiele aus Kap. 21: Anspielungen auf Kälte, Hitze, Kaufpreis und Strafgericht, Durchbruch und Verlust des Selbst und der Seele, Nüchternheit und Rausch, Verachtung von Vernunft und Wahrheit (vgl. *Faust I,* „Verachte nur Vernunft und Wissenschaft"), die Zahlen 12 und 24, die Motive Triumph und Hoffnung. Es ist zu untersuchen, in welcher Form diese Anspielungen auf das Binnengeschehen in den Exkurs zum Kriegsgeschehen verwoben sind, ob durch Austausch zentraler Begriffe beider Geschehen, durch freie oder gelenkte Assoziationen oder durch thematische Verflechtung der Kapitel mit den eingeschobenen Exkursen.

5
Klausurvorschläge

Themen für GK:

1. Schleppfuß: Lehre und Person

Text Kap. 13

– Wie definiert Schleppfuß Freiheit, Humanität, Aberglaube?

– Welche Themen des Romans sind mit Schleppfußens Vorlesungen angeschlagen?

– Womit fügt sich Schleppfuß in das „Motiv-Geschlinge der expositionellen Teile des Buches" (EDF, 198) ein? Welche (leitmotivischen) Merkmale kennzeichnen ihn, und in welchen Figuren taucht er unter der Maske der Teufelsboten wieder auf?

2. Hölle – Dämonie – Erotik

Text: Kap. 13, 16, 25

Eine Zusammenstellung von Ausdrücken, die das Begriffsfeld Hölle konstituieren, sowie der Zusammenhang, in dem sie verwendet werden, soll sichtbar machen, in welchem Ausmaß das Geschehen ins Höllische eingefärbt ist.

Fragen im Anschluß an die Beschreibung der „Hellen und ihrer Spelunck" (244–48), der die Ausdrücke zu entnehmen sind:

– Was ist ihr hauptsächliches Charakteristikum?

– Welches sind symbolische Umschreibungen? Was bedeuten sie? Auf welche Stellen im Roman lassen sie sich beziehen?

– Was sind einige Charaktereigenschaften der Verdammten? Welche Qualen stehen sie aus? Wieso ist der Hölle das Extreme gemäß?

3. Zeitbloms Humanistenstil

Text: Die beiden Sätze „Leverkühn, dem ich" bis „Anfall vorüber war." (341 f.)

– Charakterisieren Sie kurz den „Humanisten“ Zeitblom im Gegensatz zum „dämonisch inspirierten“ Genie Leverkühn.

– Analysieren Sie Sprache und Stil des Textes, indem Sie bestimmen: Länge der Sätze im Verhältnis zum Inhalt; Verteilung des Inhalts auf Haupt- und Nebensätze; Art der Nebensätze, ihre Zuordnung zum Hauptsatz und zueinander; Wiederholung von Satzgliedern, Wortarten, gleichen und synonymen Ausdrücken; Art der Worthäufung (Reihung, Abwandlung, Stufung); Bilder und Vergleiche, deren Herkunft und Häufigkeit; Verhältnis von berichtetem Vorgang, Empfindung und Reflexion des Berichteten.

4. Das Romanende

Text: Nachschrift

Das Ziel der Untersuchung ist es, ein Profil der geistigen Verfassung Zeitbloms am Ende der Erzählung zu zeichnen und seinen Versuch zu beurteilen, die Künstlerbiographie ins Paradigmatische zu erweitern.

– Wie beschreibt Zeitblom Leverkühns „Heimkehr [...] ins Mütterliche“ (506), und wie deutet er sie? Vergleichen Sie seine Aussagen hier mit denen im 1. Kapitel.

– In welchem Sinn hat Zeitblom der Leverkühnfigur Symbolwert gegeben? In welchem Licht erscheint dieser Symbolwert in der Nachschrift?

– Wie beurteilt Zeitblom die Zukunft Deutschlands?

5. Aspekte früher Kritik

Hans Egon Holthusen: Der unbehauste Mensch. München 1951, 142, wiederholt in dem zitierten Aufsatz seinen einst scharfen Angriff auf den *Faustus* nach dessen Erscheinen in Deutschland (s. Anm. 9): „... in diesem Buch wurde der Versuch gemacht, mit einer raffinierten erzählerisch-essayistischen Klitterungstechnik, durch die alle Begriffe ihre Klarheit und Schärfe verloren und in essayistische Reizstoffe und psychologische ‚Atmosphärilien‘ verwandelt wurden, einen abenteuerlichen Motiv- und Ideenkomplex aus Musik, Theologie, Satanismus, Genieproblem, Faustmotiv, Psychologie der Deutschen und Faschismus zusammenzubrauen, ein Versuch, der auf eine Verleumdung vieler unserer besten Überlieferungen, ja schließlich auf eine Verteufelung der deutschen Geschichte und der deutschen Seele überhaupt hinauslaufen mußte.“

– Nehmen Sie Stellung zu dieser Kritik.

Zusätze zu den Themen für LK:

1′: – Mit welchen Motiven bereitet das ‚Bildungserlebnis' Schleppfuß auf Leverkühns Pakt vor?

2′: – Welche Eigenschaften der Hölle sind in der Beschreibung des Bordells enthalten? Wieso paßt die Verteufelung des Sexuellen in die geistige Sphäre des *Faustus*? Welches sind die Haupterscheinungsformen des Erotischen im *Faustus*?

– In welchem Sinn ist in der Beschreibung der Hölle, wie sie der Teufel in Kap. 25 gibt, ein Vexierbild Leverkühns eingezeichnet?

3′: Kennzeichnen Sie zunächst Zeitblom als Erzähler, und diskutieren Sie Motiv und Absicht seines Erzählens, sein Verhältnis zu Leverkühn, seine soziale Stellung und politische Einstellung sowie die Gründe seiner Gegnerschaft zum Nationalsozialismus.

– Welche Aufgabe hat Zeitblom als vom Autor zwischengeschaltetes Erzählmedium? Wovon ist seine Perspektive im allgemeinen bestimmt? Wie ist es um die „Erheiterung des düsteren Stoffes" durch ihn bestellt?

4′: – Deuten Sie das apokalyptische Schlußbild, in dem Teile aus Michelangelos „Jüngstem Gericht" einmontiert („zitiert") sind, indem Sie die Anspielungen im letzten Absatz des Kapitels erklären.

Anhang

Anmerkungen

[1] Diese Epochenbestimmung findet man bereits bei Th. Mann in: *Goethe als Repräsentant des bürgerlichen Zeitalters* (1932). GW, IX, 299.
[2] An Agnes E. Meyer, 21.2.1942. In: Mann, Erika (Hrsg.): Thomas Mann. Briefe 1937–1947. Frankfurt 1963, 24
[3] „– in Wirklichkeit ein Neun-Zeilen-Plan, der wohl erst 1905 in das ‚1901' datierte Notizbuch ... eingetragen wurde –" (Bürgin u. Mayer, 171)
[4] Weitere Einzelheiten zu Quellen und Entstehung bei Bergsten, 1973, 12–125; Wysling, Hans (Hrsg.): Thomas Mann. Notizen. Beihefte zum Euphorion (1973), 5; Voss; EDF, 155–164
[5] Vgl. Th. Manns Antwort vom 7.9.1945. In: Thomas Mann. Briefe 1937–1947, a.a.O., 440–447. Zu den Vorwürfen der ‚Inneren Emigration' und Th. Manns Entgegnungen vgl. GW, XIII, 96–106; Schröter, 1969, 334–352; Blume, Bernhard: Perspektiven des Widerspruchs. Zur Kritik an Th. Mann. The Germanic Review 31 (1956), 2, 176–184
[6] Eine Unterscheidung, der Th. Mann in *Deutschland und die Deutschen* ausdrücklich widerspricht (vgl. GW, XI, 1146)
[7] Brief vom 17.7.1948, Kerényi, 157
[8] Ders.: Thomas Manns ‚Doktor Faustus'. Merkur 2 (1948), 4, 588
[9] Ders.: Die Welt ohne Transzendenz. Eine Studie zu Thomas Manns ‚Dr. Faustus' und seinen Nebenschriften. Merkur 3 (1949), 1, 38–58; 2, 161–180. Zitate, 39 und 45
[10] Ders.: Thomas Manns ‚Doktor Faustus'. Die Sammlung 3 (1948), 6, 351–360
[11] Ders.: 15; In: Ders. (Hrsg.): Th. Mann – Max Rychner. Briefwechsel. Zürich 1967, 20
[12] Der Spiegel, Nr. 22, 26.5.1975, 144–148
[13] Die Zeit, Nr. 25, 20.6.1975, 15f.
[14] Die Zeit, Nr. 26, 27.6.1975, 10
[15] Nach den in Die Zeit, Nr. 32, 8.8.1975, „Zeitlupe 20", veröffentlichten Antworten von Jugendlichen unter zwanzig auf die Frage, ob sie den alten Herrn läsen, wird Th. Mann von dieser Generation aus verschiedenen Gründen mehr geschätzt als abgelehnt: Er ist „eine Erholung nach den krampfhaft ‚modernen' Experimenten"; „es macht Spaß", mit dem „berühmten ‚langen Atem'" zu lesen; „er weist uns indirekt den Weg, daß ... die Arbeiterklasse ihren historischen Auftrag erfüllen wird"; seine „humanistische und kosmopolitische Haltung" sollte „ein Vorbild sein". Von den beiden Ablehnungen lautet eine, daß die „Probleme gekünstelt dargestellt" und ohne „Relevanz" seien; die andere trifft mit Wucht den Faustus: Das Thema, der „an der Person Adrian Leverkühns exemplifizierte Verfall der bürgerlichen Gesellschaft", sei interessant, dagegen seien „Erzählart und Stil strapazierend" und Grund „für den Durchschnittsleser, Thomas Mann überhaupt zu ignorieren". Beweis ist sich der Schreiber selbst, denn er verlor das Interesse 100 Seiten vor Schluß des Romans.
[16] Ders.: „The Discreet Charm of the Bourgeoisie. The New York Review of Books 22, Nr. 10, 12.6.1975, 19
[17] An die Bemerkung Zeitbloms anknüpfend, daß „‚einer nachfiebert, was andere

vorgefiebert, und daß man unselbständig, anleiheweise und nach der Schablone verzückt ist'", spricht Th. Mann von seiner „eigenen ... wachsenden Neigung ..., alles Leben als Kulturprodukt und in Gestalt mythischer Klischees zu sehen" (EDF, 248).

[18] An Emil Pretorius, 12.12.1947, GW, XI, 681

[19] Der *Faustus* enthält auch Rechtfertigungen persönlicher Art; z. B. verteidigt Th. Mann seine positive Einstellung zum Ersten Weltkrieg in *Betrachtungen eines Unpolitischen*, indem er Zeitblom mit einer diesem wesensfremden Kriegsbegeisterung in den Vordergrund der Handlung treten läßt; vgl. die entsprechenden, mit Selbstzitaten aus den *Betrachtungen*, wie „die Tugend-Suada des Rhetor-Bourgeois und ‚Sohnes der Revolution'" (340), gespickten Abschnitte der Kap. XXX, XXXI und XXXIII.

[20] Es liegt heutzutage nahe, den *Faustus* mit der Elle der marxistischen Lehre zu messen. Einer sagt es dem anderen, nämlich Ernst Fischer, nach, daß der *Faustus* nichts tauge, weil er sich nur mit der geistigen Situation befasse. Geschichte komme „nur als Geistes- und Kulturgeschichte, ja als Seelengeschichte in den Blick ..., nicht aber als Ensemble ökonomischer und sozialer, politischer und geographischer, kultureller und konfessioneller Faktoren", kritisiert Meixner (612) und tut den *Faustus* wegen seines unwesentlichen Inhalts ab, möchte ihm aber die Aufnahme in „ein bescheidenes ... Reservat der Kunst" gewähren, weil er „die vom Bildungsbürgertum geprägten" (622) Vermittlungsformen sprenge. – So einfach auf den *Faustus* angewendet, entbehrt das genannte Schulbuch-Ensemble sozialkundlicher Faktoren nicht einer gewissen Komik. Auf einer reflektierteren Ebene sind diese Faktoren sogar in den Roman einbezogen. Jedenfalls aber ist es verfehlt, den Wert des *Faustus* durch Abhaken der in ihm gemachten Absagen an bürgerliche Konventionen zu errechnen.

[21] Diese Stelle des Teufelsgesprächs mutet nicht zufällig wie eine Beschreibung von Schillers Gedicht *Der Tanz* an, das Freiheit und Harmonie als ästhetisches wie als ethisches Prinzip feiert. Der Tanz versinnbildlicht die Idee, daß sich individuelle Dynamik erst im Gesetz erfülle und individueller Ausdruckswille und allgemeine Notwendigkeit in Harmonie zu bringen sind.

[22] Vgl. Adorno, Theodor W.: Musikalische Schriften. I. Klangfiguren, II. Quasi una Fantasia. Frankfurt 1959 und 1963. Adornos Ausführungen zur sogenannten Krise der Kunst werfen manches klärende Licht auf die Behandlung des Themas im *Faustus*. Für den „Musikintelligenzler" (244) Adorno ist die Situation von Kunst und Musik Zielgegenstand der Betrachtung, für den Schriftsteller Mann ist sie vornehmlich Metapher und in das Romangetriebe eingearbeiteter Gedankenstoff.

[23] Seit Ernst Fischers Kritik an der Faschismusdiagnose des *Faustus* ist diese zunehmend als inkompetent abgetan worden. Neuerdings gewinnt sie politische Relevanz dank einer Geschichtsdeutung, in der die Begriffe „Faschismus" und „Bürgerlichkeit" synonym gebraucht werden. Nach Koopmann, Helmut: Thomas Mann. Konstanten seines literarischen Werkes. Göttingen 1975, leuchtet im *Faustus* die Einsicht auf, daß Bürgerlichkeit und Faschismus verwandt seien. Dies läßt außer acht, daß „die völlig unbürgerliche Aventüre" für den Faschismus anfällig macht und das Aufkommen des Faschismus mit dem Bankrott der Bürgerlichkeit koinzidiert und deren Umschlag in ihr Gegenteil bedeutet. – Vgl. dazu auch Futterknecht.

[24] Pag. Arch.Bl. 2 (vgl. Voss, 16) – Zwar eine einseitige, doch keineswegs im Geistesgeschichtlichen befangene Sicht des Phänomens, denn das Gefühl von Verarmung, Sterilität und Hoffnungslosigkeit, das danach die Disposition zur Wandlung ausmacht, ist der psychisch-geistige Niederschlag von Erfahrungen im politisch-sozialen Bereich. Th. Manns Ästhetizismus-These scheint heute mehr als damals aktuell zu sein. So bietet Susan Sontag, die First Lady des seriösen amerikanischen Feuilletonismus, den Gedanken, daß Faschismus als Ästhetisierung der Politik zu begreifen sei, als das Neueste an, in: Ästhetik und totalitärer Staat. Die Zeit, Nr. 3, 14.1.1977, 11.

[25] Wysling, Hans: Die Technik der Montage. Zu Thomas Manns ‚Erwähltem'. Euphorion 57 (1963), 1/2, 177

[26] Deshalb spricht der Roman von ihr im Paradox: sie sei abstrakt und sinnlich, berechnetste Ordnung und chaosträchtige Widervernunft, eine magische Verbindung aus Theologie und Mathematik, die geistigste aller Künste, „was sich schon daran erweise, daß Form und Inhalt in ihr ... schlechthin ein und dasselbe seien" (64) usw. In dieser Kennzeichnung klingen Gedanken Schopenhauers, Wagners und Nietzsches an. Mit dem Paradox, die Musik lade zur Spekulation ein und versetze in Rausch, ist auf Nietzsches Idee des Dionysischen angespielt, die seiner Musikästhetik zentral ist; danach ist der Rausch die schöpferische Kraft in Leben und Kunst, die sich durch die Wirkung der Musik dem Erlebenden mitteilt.

[27] Kretzschmars Umschreibungen zielen auf Wagner, dessen Musikphilosophie die „ein wenig zu gescheit(e)" (65) Verarbeitung der Ideen Schopenhauers ist. Diesem gilt die Musik als die erste der Künste, da sie nicht an die Erscheinungen gebunden sei, vom Willen selbst rede und folglich das Ansich der Welt in ihr unmittelbar zum Ausdruck komme. Th. Manns inzwischen zu Wagner und Schopenhauer gewonnene Distanz zeigt sich in seiner veränderten Einstellung zur Musik: Das Paradigmatische gibt ihr zwar einen besonderen Rang, aber damit hat sie, entgegen Schopenhauers Auffassung, nur beispielhaften Charakter.

[28] Bei Leverkühns Entwurf seiner Musik muß Zeitblom „an den feurigen Riß" denken, „welchen der Sage nach ein Jemand dem zagenden Baumeister des Kölner Doms in den Sand zeichnete", und der ihm, „wie nichts anderes, die Idee des Dämonischen nahebrachte" (178).

[29] Heller, 312

[30] Sie ist auch in Leverkühns musikalischem Werdegang gespiegelt. Wie aus der „Apokalypse" hervorgeht, ist das Spiel der Jungen mit der Trommel in des Oheims Instrumentenlager ein Verweis auf den rhythmischen Elementarzustand der Musik; das Kanonsingen mit der Stallmagd ist eine Übung in der imitatorischen Polyphonie des 15. Jahrhunderts; Leverkühns Erstlingswerk „Meerleuchten" ein Beispiel spätromantischer Tonkunst in der Nachfolge Debussys und Ravels. – Die Musikgeschichte gibt dem Roman die größte historische Spannweite. Von seinen 194 Figuren stehen 82 mit der Musik in Verbindung. Ihre Namen reichen von Perotinus Magnus (ca. 1200) bis Poulenc und Strawinsky, den Zeitgenossen Leverkühns. Die taxierende Beschreibung von etwa 25 Musikinstrumenten aus verschiedenen Epochen erweitert das Bild der geschichtlichen Entwicklung (vgl. Bergsten, G., 1959: a.a.O.).

[31] MS 33, fol. 4, Thomas-Mann-Archiv, Zürich. – Dieses Urteil wird der Zwölftonmusik weder sachlich noch historisch gerecht. Es macht deutlich, daß musikalische Prinzipien und Termini Chiffren der jeweiligen Bewußtseinslage sind. – Zu

Parallelen zwischen Leverkühns Biographie und der Zeitgeschichte vgl. Brode, H.: a.a.O.

[32] Vgl. Voss, 47–55

[33] Den Zügen seines Persönlichkeitsbildes nach steht Zeitblom im Gegensatz zur Reformation: Er ist katholisch, dem frommen Gefühl abhold, vesteht sich selbst im Bilde des Erasmus und ist der Auffassung, daß die humanistischen Studien die unerläßliche Voraussetzung der Humanität sind.

[34] Th. Manns Lutherbild ist sowohl während der ,Luthernähe' (1916–1918) als auch während der ,Lutherferne' (1945–1949) durch Unkenntnis des historischen Luther mitbestimmt. Im *Faustus* ist es aufgespalten in Zeitbloms Reformationstheorie, die Figur des Hallenser Theologieprofessors Kumpf, einer Luther-Karikatur, an der das Grobianische und der Teufelsglaube herausgekehrt sind, und in Leverkühns „Luthertum". Vgl. dazu Lehnert, H.: a.a.O., 194–202

[35] Leverkühn selbst spricht von seinem „Luthertum" (132) und meint damit so wenig wie Zeitblom eine konfessionelle Bindung. An Luther, dieser „riesenhafte(n) Inkarnation deutschen Wesens", exemplifiziert Th. Mann, was er deutsche „Innerlichkeit" oder die „Musikalität der deutschen Seele" nennt: das „Auseinanderfallen des spekulativen und des gesellschaftlich-politischen Elements menschlicher Energie" und die „Prävalenz des ersten vor dem zweiten" (GW, XI, 1132). Luther, „außerordentlich musikalisch", „groß und deutsch in seiner Doppeldeutigkeit als befreiende und rückschlägige Kraft, ein konservativer Revolutionär" (GW, XI, 1133), steht ihm für die Verbindung von abstraktem Denken, Irrationalismus und Rückwärtsgewandtheit. Leverkühns „Luthertum" schließt ein: Musikalität, Werkbesessenheit, Seelenkämpfe in einsamer Zelle, persönliche Beziehung zum Teufel und künstlerischen Avantgardismus in paradoxer Verbindung mit altertümlicher Berufungsgewißheit.

[36] Daß seine Wahl auf Palestrina fällt, ist einmal ein autobiographisches Detail: dort kam Th. Mann zum Bewußtsein seines Künstlertums und entwarf, im gleichen steinernen Saal, in dem Leverkühn der Teufel erscheint, die *Buddenbrooks,* – ein Hinweis darauf, daß der *Faustus* wieder an die Anfänge anknüpft. – Es ist eine Anspielung auf den Komponisten Palestrina, der als Umgestalter die Rolle eines Vorläufers von Leverkühn hat, und auf Dantes Inferno (27. Gesang), das dem Roman das Motto leiht. Am weitreichendsten sind die Assoziationen zu Hans Pfitzners musikalischer Legende „Palestrina", über die Th. Mann schreibt: „etwas ungemein Deutsches ..., aus der faustisch-düsterischen Sphäre und in seiner Bekenntnishaftigkeit so recht etwas für mich." (Mann, Erika (Hrsg.): Thomas Mann. Briefe 1889–1936. Frankfurt 1961, 141)

[37] Suso, Hanne und Thomas sind Montagen aus literarischen und mythischen Todesvorstellungen. Züge, die Todesnähe suggerieren, sind z.B. die Einäugigkeit und der Fuhrdienst des Knechts, Schlotterbusen, mistige Füße und plärrende Stimme der Magd, Freßgier und Lachen des Hundes.

[38] Vgl. seine Interpretation im *Zauberberg,* GW, III, 903–907. Das Wort ,Lindenbaum' wirkt dabei assoziationsauslösend. Die Bemerkung, daß „der Lindenbaum den frühkindlichen Tagesschlummer" (15) Adrians beschattet habe, spielt auf „Siegfrieds Träumerei unter der Linde" (*Leiden und Größe Richard Wagners,* GW, IX, 370) an.

[39] Er entspricht damit dem Vater von Goethes *Faust,* von dem Faust sagt: „Mein Vater war ein dunkler Ehrenmann, / Der über die Natur und ihre heil'gen Kreise

/ In Redlichkeit, jedoch auf seine Weise, / Mit grillenhafter Mühe sann".

[40] Th. Mann nennt den *Faustus* ein „Geheimwerk", spricht von den versteckten Beziehungen und Anspielungen, deren sich die Personen nicht bewußt seien (EDF, 165 ff.), und vom „Geheimnis der Identität" seiner „beiden Protagonisten" (EDF, 204). Zeitblom nennt „das tiefste Geheimnis der Musik" ein „Geheimnis der Identität" (378).

[41] Über seine Motivtechnik schreibt Th. Mann, es sei ihm möglich gewesen, „sofort mit einem Motivkomplex in toto zu arbeiten, den Anfängen gleich die Tiefenperspektive des Ganzen zu geben" (EDF, 168). Mit Äußerungen, wie „das Buch" handele nicht nur von Musik, sondern praktiziere sie auch (EDF, 171) und „werde sein müssen, wovon es handelte, nämlich konstruktive Musik" (EDF, 187), hat er dem Gedanken Vorschub geleistet, der Roman sei nach der Zwölftonmusik aufgebaut. Tatsächlich aber hat sich Th. Mann erst nach Fertigstellung von Kap. VII, also nachdem der Plan des Romans und ein Gutteil seiner Ausführung schon vorlagen, mit der Zwölftontechnik beschäftigt. Erst im Kontakt mit Adorno klärten sich seine Vorstellungen über Leverkühns musikalische Position (EDF, 172). Es ist die Rede von dem „frappante(n) Passen" der Zwölftonmusik „in die Sphäre (des) Romans" und dem „Verhängnis, das" – so Adorno – „die objektiv notwendige Erhellung der Musik aus ebenso objektiven Gründen ... in ein Finsteres, Mythologisches zurückschlagen läßt. Was konnte sich besser fügen in meine Welt des ‚Magischen Quadrats'?" (EDF, 174).

[42] Braune, W. (Hrsg.): Das Volksbuch vom Doctor Faust. Abdruck der ersten Ausgabe (1587). Halle 1878, 13. – Nachstehende Zitate ebd., 15, 20, 105, 1, 114

[43] Heller, 327. Er fährt fort, die „einzige ‚wirkliche Person'", an die ihn Leverkühns Genie gemahne, sei Ludwig Wittgenstein; „bei ihm gab es ... denselben Argwohn, daß ... die wahrhaft authentische Äußerung ‚zu schwer' geworden ... Die Ähnlichkeit erschien mir stets um so auffallender, als sie rein zufällig und also nur vom Zeitgeist eingegeben war. Denn Thomas Mann kannte weder den Philosophen noch sein Werk."

[44] Käte Hamburger findet, daß Leverkühn ohne Faustmuster besser zu verstehen sei und daß die Übertragung der faustischen Problemkonstellation auf die moderne Kunstsituation keinen überzeugenden Sinn erbringe. Sie bezweifelt, daß die durch Gedanken- und Begriffsverbindungen hergestellten Übereinstimmungen dazu berechtigen, den *Faustus* einen Faustroman zu nennen. Im Gegensatz zu Hamburger wird hier die Ansicht vertreten, daß gerade diese Lagerung der Romanproblematik modern ist und eine neue Phase in der Fausttradition bedeutet.

[45] Der faustische Mensch als Inbegriff der deutschen Seele ist ein Ableger der Fausttradition. Er ist greifbar seit Gustav von Loepers Kommentar zum *Faust* in der Goetheausgabe von Hempel von 1870 und wird im späten 19. Jahrhundert zum Urbild des nationalen Selbstverständnisses, und zwar als Verkörperung von Kühnheit und gefährdeter Größe des deutschen Geistes (vgl. Schwerte, Hans: Faust und das Faustische. Ein Kapitel deutscher Ideologie. Stuttgart 1962). – Spengler, Oswald: Der Untergang des Abendlandes, Bd. 1, 1918, Bd. 2, 1927, zählt in seiner Morphologie der Kulturen acht Kulturen auf und nennt die im Spätmittelalter beginnende und gegenwärtig untergehende Kultur die „faustische". Zu Th. Manns Einstellung dazu vgl. *Über Goethe's ‚Faust'*, GW, IX, 581–621.

[46] Im Volksbuch ist Musik auch ‚dämonisches Gebiet'. Musik erklingen zu lassen gehört zu den Gaukeleien Fausts und ist ein Mittel teuflischer Verführung. From-

mer Gesang, mit Spott gemischt, kann den Teufel vertreiben. Auch das Geplärr der Hölle und die Symbolik der Musikinstrumente kommen vor. Th. Mann zielt mit dieser Bemerkung auf jene durch das Auseinanderklaffen von hochentwickelter Intelligenz und archaischer Gefühlswelt gekennzeichnete Seelenverfassung, die Leverkühn, nicht jedoch den Volksbuchfaust, auszeichnet. Für sie ist Musikalität das Kennwort.

[47] Zur Konzeption des Romans gehört die „geheime Verbindung des deutschen Gemüts mit dem Dämonischen" (GW, XI, 1131), von der Th. Mann in *Deutschland und die Deutschen* im Zusammenhang mit Fausts Teufelsbündnis und dem zweideutigen Charakter der Musik spricht. Unter den divergierenden Erscheinungsformen des Dämonischen, die seinen Begriff schillern lassen, stechen das Diabolische, das Zweideutige und das Archaische hervor. Auf einen Nenner gebracht, ist das Dämonische das aggressiv gegen die Vernunft gerichtete Prinzip. Die Mythisierung des Dämonischen zu „unteren Mächten" (8) bringt seine Doppelnatur von chaotischer und fruchtbarer Dynamik, deren die Vernunft wiederum bedarf, zum Ausdruck. – Zur Kritik des Begriffs vgl. Hamburger, K.: a.a.O., 534–542; Pütz, H. P.: Kunst und Künstlerexistenz, a.a.O., 107–125

[48] Christus und Luther (s. Anm. 35) sind viele Züge entlehnt. Zahlreiche Motive und ihre Variationen leiten sich von mehreren Vorformen her, z.B. das Teufelsmotiv mit dem Pakt von Faust, mit Kumpfs Semmelwurf von Luther, mit der Versuchung von Christus, mit dem Zaubermittel von den Indizien des *Hexenhammers,* mit der brennenden Wange von Christine in der *Schwarzen Spinne.*

[49] Das Motiv der Vermählung ist mit dem Paktmotiv verbunden. Im Sinne der chymischen Hochzeit bedeutet es die das Wesen verwandelnde Verbindung mit einem anderen. Daher ist das Motiv im Umkreis von Leverkühns Entscheidung für die Musik besonders häufig und direkt.

[50] Um den Gedanken der physischen Vergiftung, der eher zu Leverkühn als zu Faust gehört, im Faustischen zu verankern, ist von ihr im Gleichnis der alchimistischen Transmutation die Rede: „sein verhängnishaft tingiertes Leben" (149) signalisiert sowohl Unheilbarkeit als auch Unwiderruflichkeit.

[51] Zur Identität von Esmeralda und Frau von Tolna vgl. Oswald, Victor A.: Thomas Mann's ‚Doktor Faustus': The Enigma of Frau von Tolna. The Germanic Review 23 (1948), 4, 249–253

[52] Der Ring ist Mittelpunkt eines dichten Beziehungsgeflechts. Esmeralda ist die spanische Form für Smaragd und der Name der Dirne „in spanischem Jäckchen" (143). Der Pfeil verkörpert die mythologische Einheit von Gift und Liebe (154), ein Thema, das von Jonathans Naturstudien an den Roman durchzieht. Über „Schuß- oder Bißwunde" (392), „Zischende geflügelte Schlange" (393) ist eine Verbindung zu dem Brentanolied mit dem Buchstabensymbol h e a e es hergestellt: „Es hat sich an der Wunde / Die Schlange festgesaugt" (229). Der Ring sei „das Symbol der Bindung, der Fessel, ja der Hörigkeit" (393), meditiert Zeitblom in Anspielung auf das Motiv der Vermählung.

[53] Kurz vor Niederschrift des Teufelskapitels las Th. Mann Kierkegaards *Entweder-Oder* und notierte sich: „Die Verwandtschaft des Romans mit der Ideenwelt Kierkegaards, ohne jede Kenntnis davon, ist äußerst merkwürdig" (EDF, 214). Der Anteil Kierkegaards am *Faustus* ist nicht auf gedankliche Übereinstimmungen beschränkt. Durch die Lektüre von Arbeiten über ihn hatte sich bei Th. Mann die Meinung gebildet, daß Kierkegaard mit vielen Zügen zu dem von Leverkühn

repräsentierten Künstlertyp gehöre (vgl. das ereignislose Leben, die Schwermut, die Problematik der Existenzbestimmung, die Vermutung, daß auch er Syphilitiker war, daß seine Einsamkeit und sein Genie in seiner Krankheit und ungewöhnlichen Geistesart wurzelten).

[54] Die Frage, ob der Teufel wirklich oder eine Halluzination sei, hat die Kritik immer wieder beschäftigt (vgl. Pütz, H. P.: a.a.O., 112–114). Er ist keins von beiden, sondern eine am besten mit ‚Hervorsprechung' zu bezeichnende Selbstsuggestion Leverkühns, der in diesem Augenblick die Argumente beisammen hat, um in erwünschter Weise mit seinem „Schicksal Zwiesprache (zu) halten" (211). Die als Gegenbeweis anführbare, aber nicht gültige Neuigkeit von Spenglers Krankheit zeigt den ersten Fortschritt im „Nicht-wissen-Wollen", das vor allem dem Anstößigen gilt, bei ihm also der Tatsache, daß er seine Genialisierung der syphilitischen Entzündung des Gehirns verdankt. Vgl. dazu auch die Wortspiele mit Homonymen, vermittels deren die Krankheit von den Auswüchsen der spätmittelalterlichen Welt Fausts ununterscheidbar wird, wie Geißelschwärmer, Flagellanten, Flagellaten, bleiche Venus (232).

[55] „Weistu was, so schweig" ist die faustische Formel für das Schweigemotiv, das in den Variationen Schonung, Diskretion, Verschleierung, Geheimnis den Roman durchzieht. Seine Hauptbedeutung ist das Verschweigen der anstößigen Wahrheit; seine Steigerungsformen sind das „Nicht-wissen-Wollen" und die „frevlerische Vernunftverachtung".

[56] In Frau Schweigestill ist die Bedeutung der Mutter zu der eines Schutzgeistes und verständnisvollen, stets bereiten Bewachers transmutiert, womit sie im Faustschema an der Rolle Mephistos teilhat. Der Teufel ist im Faustus in seine Elemente aufgesplittert, die neue Bindungen eingehen und dabei andere Werte annehmen. An der Rolle des Teufels haben ferner teil: Schildknapp, Schwerdtfeger und Zeitblom als den Sphären entsprechend wechselnde Begleiter; Fitelberg mit seinem zur Entführung in die große Welt bereiten Zaubermantel; Frau von Tolna mit wesenhafter Unsichtbarkeit, steter Verfügbarkeit und Herrschaft über den Reichtum; auch Elsbeth Leverkühn, indem sie den widerstrebenden Sohn am Ende ‚holt'. Die Beschreibung Schweigestills ist gesättigt mit Reminiszenzen an die Unterwelt; sie werden geweckt mit dem Hund, den Leverkühn mit seinem Pfeifchen beruhigt (Assoziation zu Cerberus, den Orpheus mit der Lyra betört), dem kurz angebundenen Gereon (Anklang an Charon), indem er das Gefährt nach Schweigestill lenkt, das mit seinem „weißen, modrig riechenden Gang" (257) als Interimszuflucht für vom Leben Verstoßene mit dem Vorhof zur Unterwelt assoziierbar ist.

[57] In der Fitelberg-Episode sind zwei traditionelle – im Moment der Vergeblichkeit identische – Motive gemischt: Christi Versuchung durch den Teufel und Fausts Mahnung durch den Nachbarn, der ihn zur Umkehr überreden will.

[58] Leverkühn erfährt von ihm in einem der Vorträge Kretzschmars. Er amüsiert sich zunächst mit Zeitblom über „diesen Winkel-Diktator", dessen „Musik-Reform" beide an die Terenz-Stelle „Mit Vernunft albern zu handeln" (70) erinnert; dann jedoch verteidigt er ihn mit dem für sein Leben folgenschweren Bekenntnis: „Wenigstens hatte er Ordnungssinn, und sogar eine alberne Ordnung ist immer noch besser als gar keine" (71).

[59] Pag. Arch. Bl. 194 (vgl. Voss, L.: a.a.O., 117)

[60] In den Auszügen aus dem Volksbuch hat Th. Mann die entsprechenden Stellen

schon auf Leverkühns Verhältnis zu Schwerdtfeger übertragen: „Ausbedungene Menschenfeindschaft ... Dachte, dem Nicht-Weiblichen, weiblich nur durch Koketterie, werbende Vertraulichkeit, nachgeben zu dürfen (Mönch, Kloster) ... Treibt mit dem Teufel Unzucht (im Weiblichen steckt der Teufel, es ist homosexueller Verkehr). Er ist gezwungen, seinen Ehewunsch gerade dazu zu gebrauchen, den Menschen zu töten, mit dem er Lust gehabt." Pag. Arch.Bl. 203 (vgl. Voss, L.: a.a.O., 110)

[61] „Echo" evoziert die Geschichte von Narziß und Echo und weist auf den Narzißmus Leverkühns hin, der auch im anderen nur ein Bild von sich selbst lieben kann.

[62] „weither" bezeichnet Fremdartigkeit, Fremdsein bei flüchtigen Besuchen in der Welt und Zugehörigkeit zur Sphäre des rein Geistigen. Es ist ein Begleitwort Leverkühns („der weither Gereiste" [155], variiert in der immer reisenden Frau von Tolna, die sein Verhältnis zur Welt verkörpert) und bringt hier zum Ausdruck, daß Leverkühn in Echo einen Weggefährten aus der Sphäre seiner Einsamkeit, also sich selbst erkennt.

[63] So vor allem in *Nietzsche's Philosophie im Lichte unserer Erfahrung,* wo sich die viel zitierte Bemerkung findet: „daß das deutsche Bürgertum den Nazi-Einbruch mit Nietzsche's Träumen von kulturerneuernder Barbarei verwechselte, war das plumpste aller Mißverständnisse" (GW, IX, 703).

[64] GW, IX, 682. Dort heißt es weiter: „Dieser gesicht- und gestaltlose Unhold und Flügelmann Zarathustra mit der Rosenkrone des Lachens auf dem unkenntlichen Haupt ... ist ... eine an der Grenze des Lächerlichen schwankende Unfigur." (Ebd., 683)

[65] Z.B. dem Gastmahl in Hofmannsthals *Jedermann* und dem Abendmahl

[66] Zwischen positiver und negativer Beurteilung schwankend, schreibt Th. Mann, *Über Goethe's Faust* (1939), über „das denkwürdige Phänomen, daß im ‚Faust' der Genius studentischer Jugend die Repräsentanz der Menschheit an sich reißt, und daß eine Welt, die abendländische, diese Repräsentanz angenommen, den Symbolwert der Faust-Gestalt für ihr tiefstes Wesen erkannt hat. Der Jugend geschieht große Ehre durch dieses Stück. In seiner ... Unbedingtheit ... ist es ganz Ausdruck dessen, was das gemäßigte und beruhigte Alter jugendliche Unreife nennt." (GW, IX, 599f.)

[67] Mit der Darstellung Schildknapps sind viele Züge von Goethes Mephisto zitiert, wie ihn Th. Mann in *Über Goethe's Faust* sieht: Er ist das dialektische Mundstück Fausts für alles, „was Empörung, Verneinung, kritische Bitterkeit in ihm selber ist". Seine Sprache: „salopp, aber witzig, kritisch souverän und abschätzig, mit Fremdwörtern gespickt und schlagend amüsant"; seine Teufelei: „eine humoristisch-witzige, ... bitternüchterner Weltsinn, ... selbstüberlegene Verspottung des Jünglingsenthusiasmus"; sein Verhältnis zu Faust: „das eines versierten, weltkundigen Reisegefährten oder Reisemarschalls", „die ironische Selbstkorrektur von Goethe's Jugend-Titanismus" (GW, IX, 601–606).

[68] Wysling unterscheidet zwischen Mythisierung der Realität im Früh- und Realisierung des Mythos im Spätwerk Th. Manns. Mythisierung bedeutet, daß der Sonderfall lediglich auf den im Mythos vorgegebenen Typus bezogen ist, Realisierung, daß der Mythos der eigentliche Gegenstand der Erzählung ist und der Sonderfall der „Besinnung auf das Bleibend-Gültige des Musters" (19) dient. Es sind dies vor allem am Josephs-Roman gewonnene Einsichten. – Für den *Faustus* gelte „Mythi-

sierung der Realität auf der frühen Stufe" (der seiner Konzeption nach dem „Drei-Zeilen-Plan"; s. Anm. 3), „‚Realisierung des Mythos' auf der späten" (22) (nämlich der seiner Ausführung).

[69] *Der alte Fontane* (1910), GW, IX, 32

[70] Er orientiert sich an Goethes Idee vom Typus, Schopenhauers Ideenlehre und den Forschungen von Freud und Jung, Bachofen und Kerényi (vgl. Wysling, 15–17)

[71] *On Myself* (1940), GW, XIII, 165

[72] Th. Mann nennt den Roman „im ganzen ein wunderliches Aquarium von Geschöpfen der Endzeit!" Gegen die Gefahr einer „antisemitischen Mißdeutung" sei der Roman abgesichert, denn: „Sind denn auch, wenn ich etwa den Erzähler selbst ... und Mutter Schweigestill ausnehme, die deutschen Bewohner dieses Romans sympathischer als seine jüdischen?" (EDF, 280, 281)

[73] Für Leverkühn ist der Durchbruch das Kernproblem allen Weltgeschehens; Kleist zitierend, nennt er ihn „‚das letzte Kapitel von der Geschichte der Welt'". „Das Bewußtsein müsse ... durch ein Unendliches gegangen sein, damit die Grazie sich wiedereinfinde" (309). Hier wird in anderem Zusammenhang deutlich, warum der Tod Echos, der höheres Wissen, Grazie und Unschuld verkörpert, dazu führt, daß sich Leverkühns Durchbruch in der „Klage des Höllensohnes" (484) verwirklicht, die eine Chiffre des Scheiterns ist.

[74] Es heißt von Breisachers Ideen, daß sie am Literatenstammtisch keine Sensation gemacht hätten. Damit ist auf seine Nietzsche-Gefolgschaft angespielt und darauf, daß die ‚Nietzsche-Verhunzung' ein verbreitetes Phänomen war. Ein Vorbild für ihn ist Oskar Goldberg, der in dem 1925 erschienenen Buch *Die Wirklichkeit der Hebräer* in „Nietzsches Geist für die primitive Zeit eintrat, in der die Sklavenmoral noch nicht erfunden war." (Bergsten, G.: a.a.O., 1973, 40)

[75] Vorbild des Dichters ist der Georgeschüler Ludwig Derleth. Die Beschreibung seines Werks ist zum großen Teil Selbstzitat von Th. Manns früher Novelle *Beim Propheten* (1904). Der Name Daniel spielt auch auf den Propheten an, der vor dem Heraufkommen des Antichrist warnt. In zur Höhes Vision einer geistigen Wesenheit „Christus imperator maximus" ist der Welteroberer vergöttlicht, das Erzeugnis eines Intellektuellentraums, der, so will es der Roman, grauenhafte Wirklichkeit wird.

[76] An Agnes E. Meyer, 11.10.1944. In: Mann, Erika (Hrsg.): Thomas Mann. Briefe 1937–1947. a.a.O., 394

[77] Die Rodde-Töchter sind Th. Manns Schwestern Julia und Carla nachgebildet. Von Julia heißt es in Th. Manns *Lebensabriß*, sie sei „lächelnd" in ihr Zimmer gegangen, um Selbstmord zu begehen, von Clarissa „mit einem flüchtig-wirren und blinden Lächeln". Die hinzugefügten Motive Flucht, Verwirrung und Blindheit verknüpfen ihr Ende mit dem Leverkühns.

[78] Zeitblom datiert den Beginn von Leverkühns Neigung zu Schwerdtfeger auf den Abend, wo dieser „in seinem Zimmer erschienen war, um ihn in die Gesellschaft zurückzubitten, die ohne ihn so langweilig sei" (415). Ähnlich überredet er Ines, wieder an der Geselligkeit in ihrer Mutter Salon teilzunehmen.

[79] Wie das Männliche ein Kompositum von Eigenschaften ist, die als männlich gelten (Autorität, Verantwortungsbewußtsein, Hingabe an eine Idee), so das Weibliche eins von solchen, die für weiblich gehalten werden (Verständnis, Mütterlichkeit, Hingabe an einen Menschen ...). Weibliches wie Männliches tritt an den Ro-

manfiguren beider Geschlechter auf, z. B. hat Zeitbloms Verhältnis zu Leverkühn mit dem Hintanstellen seiner selbst, Sich-Einfühlen, Begleiten, Verstehen und Beschützen weibliche Züge, wie denn überhaupt in der Deutung der Leverkühn-Zeitblom-Identität als eines in zwei Teile gespaltenen Geistes Zeitblom viel Weibliches und Leverkühn viel Männliches zugefallen ist. Zum Verhältnis beider vgl. Metzler.

[80] Die Jahrtausende währende Geringschätzung des Weiblichen hat dazu geführt, daß das matriarchalische Bewußtsein zu Restbeständen verkümmert ist, wie in den Vorstellungen von weiblicher Intuition (Frau Schweigestill), der Selbstlosigkeit bedürftiger Frauenseelen (dienende Frauen) und der allgegenwärtigen, mächtigen und spendenden Welt-Mutter (Frau von Tolna), in denen es unterschwellig fortlebt. Beim Zusammenbruch des Patriarchats taucht das Matriarchalische in seinen vorzeitlichen Formen auf, z. B. im Gemeinschaftsmythos der neuen Barbarei.

[81] Zeitblom bemerkt, daß Schwerdtfeger ihr „Zweifel und Kummer macht, wie sonst eine leichtfertige Frau dem ernstlich liebenden Manne Zweifel und Kummer" (331) mache. Schwerdtfeger beklagt sich über die ihm zugeschobene weibliche Rolle: „Ines gehe mit seiner Person, seinem Körper um, wie eigentlich und richtigerweise der Mann umgehe mit dem einer Frau" (350).

[82] Die Struktur des Bildungsromans und dessen konstitutive Faktoren sind ins Negative verkehrt. Im Bildungsroman gewinnt der Held seine Form im Kontakt mit der Welt; seine Erfahrungen bedingen die Ausbildung seiner Fähigkeiten. Er überwindet dabei seine individuelle Problematik und wird zu einem förderlichen Glied des Ganzen, von dem er sich getragen weiß. Leverkühn dagegen verweigert sich den Einflüssen seiner sozialen Umwelt, seine Problematik verabsolutiert sich, und er endet in geistiger Isolation und menschlicher Hilfsbedürftigkeit. Der Held des Bildungsromans wird zum Repräsentanten seiner Welt, indem er von ihr lernt und ihren Geist in sich aufnimmt. Leverkühn repräsentiert seine Epoche, indem er ihre Entwicklung in einem konzentrierten Bild davon vorwegnimmt. Er ist, als Allegorie des Epochengeistes konzipiert, eine „hochsynthetische" Figur (Kahler, E. v.: a.a.O., 175). Vgl. dazu Scharfschwerdt, Jürgen: Thomas Mann und der deutsche Bildungsroman. Studien zur Poetik und Geschichte der Literatur 5. Stuttgart 1967, 238: Er sieht eine andere Art von „Umkehrung der Bildungsromanform" im *Faustus,* und zwar „insofern, als die Struktur negativ erfüllt wird, als die versuchte Verbindung mit einer übergreifenden Lebenswirklichkeit den Tod nach sich zieht".

[83] Nündel, Ernst: Die Kunsttheorie Thomas Manns. Abhandlungen zur Kunst-, Musik- und Literaturwissenschaft 122. Bonn 1972, 171

[84] Z. B. erfaßt Th. Mann Leonhard Franks „Bekenntnis seiner Ergriffenheit ... durch das, was er vom ‚Doktor Faustus' gehört", als „Mahnung zu geistiger Vorsicht" und „Warnung ... vor der Gefahr", mit seinem Roman „einen neuen deutschen Mythos kreieren zu helfen" (EDF, 180, 181).

[85] Bergsten, 1973, 217–230, machte den ersten umfassenden Versuch, den Aufbau des Faustus im Sinne des strengen Satzes zu deuten, jedoch nach einem Begriff von Strenge, der die ihm von Leverkühn gegebene Bedeutung verwischt. Förster arbeitet die Problematik der Übertragung heraus und findet, das Reihen-Grundmodell sei ein wesentliches Gestaltungsmoment des Romans und die Beschreibung der „Weheklag" ziele auf eine Beschreibung der Romanform. Wie Kross, Siegfried: Musikalische Strukturen als literarische Form, in: Colloquium Amico-

rum, Bonn 1967, 217 ff., gliedert er den Roman analog den Modi und Modifikationen der Reihe in vier Abschnitte zu je zwölf Kapiteln, die als thematische Einheiten gelten. Das Schema kollidiert einmal mit der Thematik besonders der letzten sechs Kapitel, sodann fragt es sich, ob die Modi, da sie Gestaltungsweisen der Reihe und keine Aufbauprinzipien der Komposition sind, als solche herangezogen werden können. Jede der Arbeiten zeigt auf ihre Weise, daß sich die Reihentechnik an der Abfolge der Motivreihe nicht verifizieren läßt. Nicht zuletzt steht, worauf Förster hinweist, der Gebrauch des Leitmotivs, der auf melodischer Identifizierbarkeit beruht, der Reihentechnik entgegen, da die Reihe in ihrer Umgestaltung nicht mit dem Ohr, sondern mit dem Auge wahrgenommen wird.

[86] Schlegel, Friedrich: Kritische Schriften. München 1956, 37

[87] Frenzel, Elisabeth: Stoff-, Motiv- und Symbolforschung. Realienbücher für Germanisten, Abt. E: Poetik. Stuttgart 1966. Sie definiert Motiv als „eine kleinere stoffliche Einheit, die ... bereits ein inhaltliches, situationsmäßiges Element darstellt" (27); seine Aufgabe sei „motivierend" und es sei „im Gesamt des Inhalts" (28) notwendig. Demgegenüber ist das Leitmotiv von Hause aus ein Begleitmerkmal anderer epischer Bestandteile.

[88] Die beiden sind Montagen aus leitmotivisch wiederholten Zügen, wie Scham, Blinzeln, Bräune, Rose, Meta, Nacktheit, ‚Ach', um einige zu nennen.

[89] Die Behauptung, mit dem Schicksal der Rodde-Töchter sei dasjenige Leverkühns parodiert, gilt mit der Einschränkung, daß der Gegenstand der Parodie nicht lächerlich wird, weil die Form – was ihre Fragwürdigkeit ausmacht – beiden Inhalten gleichermaßen gerecht wird.

[90] Die Abkürzungen L, I, C und S stehen sowohl für das Geschehen um Leverkühn, Ines, Clarissa und die kleine Seejungfrau wie für diese selbst.

[91] „Ich vermute, daß ich im Jahre 1945, so alt wie meine Mutter, sterben werde." (*Lebensabriß*, GW, XI, 144)

[92] Der oft angeführten Bemerkung Th. Manns über den musikalischen Konstruktivismus des *Faustus* geht die seltener zitierte Bemerkung voran: „den ich als Form-Ideal in mir trug" (EDF, 187).

[93] Ders., 277

[94] Deussen, Paul: Erinnerungen an Friedrich Nietzsche. Leipzig 1901, 24

[95] Vgl. dazu Mayer, Hans: Anmerkungen zum ‚Doktor Faustus' von Thomas Mann. Sprache im technischen Zeitalter 5 (1966), 17/18, 64–69

[96] Heller, 307, 323

[97] So Baker, Donna: Nazism and the Petit Bourgeois Protagonist. The Novels of Grass, Böll and Mann. new german critique (1975), 5, 77–105

[98] Gabriel, Gottfried: Fiktion, Wahrheit und Erkenntnis in literarischen Texten. DU 27 (1975), 3, 13

Literaturverzeichnis

Assmann, D.: Thomas Manns Roman ‚Doktor Faustus' und seine Beziehung zur Faust-Tradition. Annales Academiae Scientiarum Fennicae, Dissertationes Humanarum Litterarum 3. Helsinki 1975

Baumgart, R.: Das Ironische und die Ironie in den Werken Thomas Manns. Literatur als Kunst. München 1966

Bergsten, G.: Musical Symbolism in Thomas Mann's ‚Doctor Faustus'. Orbis Litterarum 14 (1959), 2/4, 206–214

–: Thomas Manns „Doktor Faustus". Untersuchungen zu den Quellen und zur Struktur des Romans. Tübingen 1973

Bludau, B.; Heftrich, E.; Koopmann, H. (Hrsg.): Thomas-Mann-Vorträge 1975. München–Zürich–Lübeck. Frankfurt: Fischer 1977

Brode, H.: Musik und Zeitgeschichte im Roman. Thomas Manns Doktor Faustus. In: Jahrbuch der deutschen Schillergesellschaft 17 (1973), 455–472

Bürgin, H., und Mayer, Hans-Otto: Thomas Mann. Eine Chronik seines Lebens. Frankfurt 1965

Dittmann, U.: Sprachbewußtsein und Redeformen im Werk Thomas Manns. Untersuchungen zum Verhältnis des Schriftstellers zur Sprachkrise. Studien zur Poetik und Geschichte der Literatur 10. Stuttgart 1969

Fischer, E.: „Doktor Faustus und die deutsche Katastrophe. Eine Auseinandersetzung mit Thomas Mann". In: Fischer, E.: Dichtung und Deutung. Beiträge zur Literaturbetrachtung. Wien 1953, 305–370

Förster, W.-D.: „Leverkühn, Schönberg und Thomas Mann. Musikalische Strukturen und Kunstreflexion im Doktor Faustus". Deutsche Vierteljahrsschrift für Literaturwissenschaft und Geistesgeschichte 49 (1975) 4, 694–720

Futterknecht, F.: Das Dritte Reich im deutschen Roman der Nachkriegszeit. Untersuchungen zur Faschismustheorie und Faschismusbewältigung (= Literatur und Wirklichkeit 17). Bonn 1976

Hamburger, K.: „Anachronistische Symbolik. Fragen an Thomas Manns Faustroman". In: Kreuzer, Helmut (Hrsg.): Gestaltungsgeschichte und Gesellschaftsgeschichte. Literatur-, kunst- und musikwissenschaftliche Studien. Stuttgart 1969, 529–553

Heftrich, E.: Vom Verfall zur Apokalypse. Über Thomas Mann. In: Das Abendland. Neue Folge 14. Frankfurt a.M. 1982

Heimann, B.: Thomas Manns ‚Doktor Faustus' und die Musikphilosophie Adornos. DVjs für Literaturwissenschaft und Geistesgeschichte 38 (1964) 2, 248–266

Heller, E.: Thomas Mann. Der ironische Deutsche. Frankfurt 1970

Henning, H.: Faust in fünf Jahrhunderten. Ein Überblick zur Geschichte des Faust-Stoffes vom 16. Jahrhundert bis zur Gegenwart. Wege zur Literatur. Übersichten, Bd. 2. Halle 1963

Henning, M.: Die Ich-Form und ihre Funktion in Thomas Manns „Doktor Faustus" und in der deutschen Literatur der Gegenwart. Studien zur deutschen Literatur, Bd. 2. Tübingen 1966

Kahler, E. von: Säkularisierung des Teufels. Thomas Manns Faust. Neue Rundschau 59 (1948) 10, 185–202

Kerényi, K. (Hrsg.): Thomas Mann – Karl Kerényi. Gespräch in Briefen. Zürich 1960

Koopmann, H.: „Thomas Mann. Theorie und Praxis der epischen Ironie". In: Reinhold Grimm (Hrsg.): Deutsche Romantheorien. Beiträge zu einer historischen Poetik des Romans in Deutschland. Frankfurt 1968, 274–296

Kurzhe, H.: Thomas Mann. Epoche – Werk – Wirkung. München 1985 (Becksche Elementarbücher)

Lehnert, H.: Thomas Mann. Fiktion, Mythos, Religion. Stuttgart 1965

Lesser, J.: Thomas Mann in der Epoche seiner Vollendung. München 1952

Lukács, G.: Faust und Faustus. Vom Drama der Menschengattung zur Tragödie der modernen Kunst. Reinbek b. Hamburg 1968, rde 285–287

Mainzer, H.: Thomas Manns ‚Doktor Faustus' – ein Nietzsche-Roman? Wirkendes Wort 21 (1971) 1, 24–38

Matter, H.: Die Literatur über Thomas Mann. Eine Bibliographie 1898–1969. 2 Bde. Berlin 1972

Mann, Thomas: Briefe. Bd. 2: 1937–1947. Hrsg. v. E. Mann. Frankfurt: Fischer 1979, TB 2137

Mayer, H.: „Thomas Manns ‚Doktor Faustus': Roman einer Endzeit und Endzeit des Romans". In: Mayer, H.: Von Lessing bis Thomas Mann. Wandlungen der bürgerlichen Literatur in Deutschland. Pfullingen 1959, 338–404

Metzler, I.: Dämonie und Humanismus. Funktion und Bedeutung der Zeitblomgestalt in Thomas Manns „Doktor Faustus". Diss. München 1960 (1972), 610–622

Nielsen, B. S.: „Adrian Leverkühns Leben als bewußt mythische imitatio des Dr. Faustus". Orbis Litterarum 20 (1965) 2, 128–158

Orlowski, H.: Thomas Manns ‚Doktor Faustus'. Zum Problem des geschichtsphilosophischen Romans. Königstein 1977

Politzer, H.: Of Time and Doctor Faustus. Monatshefte für deutschen Unterricht, deutsche Sprache und Literatur 51 (1959) 4, 145–155

Pütz, H. P.: „Die teuflische Kunst des ‚Doktor Faustus' bei Thomas Mann". Zeitschrift für deutsche Philologie 82 (1963) 4, 500–515

–: Kunst und Künstlerexistenz bei Nietzsche und Thomas Mann. Zum Problem des ästhetischen Perspektivismus in der Moderne. Bonner Arbeiten zur deutschen Literatur Bd. 6. Bonn 1963

–: „Thomas Mann und Nietzsche". In: Pütz, P. (Hrsg.): Thomas Mann und die Tradition. Frankfurt 1971, 225–249, Athenäum Paperbacks Germanistik

Schlee, A.: Wandlungen musikalischer Strukturen im Werke Thomas Manns: vom Leitmotiv zur Zwölftonreihe. Frankfurt, Bern 1981

Schmidt, G.: Zum Formgesetz des Doktor Faustus von Thomas Mann. Wiesbaden 1972

Schröter, K.: Thomas Mann in Selbstzeugnissen und Bilddokumenten. Reinbek b. Hamburg: Rowohlt 1964, rm 93

–: Thomas Mann im Urteil seiner Zeit. Dokumente 1891–1955, Hamburg 1969

Stein, J. M.: „Adrian Leverkühn as a Composer". Germanic Review 25 (1950), 4, 257–274

Sternberger, D.: Deutschland im Doktor Faustus und Doktor Faustus in Deutschland. In: Bludau, B. u.a. (Hrsg.): Thomas Mann 1875–1975. Vorträge in München – Zürich – Lübeck. Frankfurt 1977, 155–172

Suhl A.: „Anglizismen in Thomas Manns ‚Doktor Faustus'". Monatshefte für deutschen Unterricht, deutsche Sprache und Literatur 40 (1948), 7, 391–395

Trommler, F.: Epische Rhetorik in Thomas Manns ‚Doktor Faustus'. Zeitschrift für deutsche Philologie 89 (1970), 2, 240–258

Vogel, H.: „Die Zeit in Thomas Manns Roman Doktor Faustus. Eine Untersuchung zur polyphonen Zeitstruktur des Romans". Zeitschrift für deutsche Philologie 92 (1973) 4, 511–536

Voss, L.: Die Entstehung von Thomas Manns Roman „Doktor Faustus". Dargestellt anhand von unveröffentlichten Vorarbeiten. Studien zur deutschen Literatur 39. Tübingen 1975

Wiegand, H.: Thomas Manns *Doktor Faustus* als zeitgeschichtlicher Roman. Eine Studie über die historischen Dimensionen in Thomas Manns „Spätwerk". 2. Auflage. Frankfurt a. M. 1983

Wolff, R. (Hrsg.): Thomas Manns „Doktor Faustus" und die Wirkung. Teil 1 u. 2. Sammlung Profile 4.5. Bonn 1983

Wolff, U.: Thomas Mann. Der erste Kreis der Hölle, der Mythos im Doktor Faust. Stuttgart 1979

Wysling, H.: „Mythos und Psychologie" bei Thomas Mann. Eidgenössische Technische Hochschule. Kultur- und Staatswissenschaftliche Schriften H. 130. Zürich 1969

Zeittafel zu Leben und Werk

1875	geboren am 6.6. in Lübeck als Sohn des Senators Thomas Johann Heinrich Mann und seiner Frau Julia da Silva-Bruhns
1882	Privatschulunterricht
1889	Lübecker Realgymnasium, bis zur mittleren Reife 1894
1890	Hundertjähriges Firmenjubiläum. Verkauf des Hauses in der Mengstraße
1891	Tod des Vaters. Liquidierung der Firma Mann
1893	Mitherausgeber der Schülerzeitschrift „Der Frühlingssturm"
1893	Übersiedlung nach München. Volontär bei der „Süddeutschen Feuerversicherungsbank". Gasthörer an der Universität
1896–1898	Italienaufenthalt; Palestrina
1898	Beim „Simplizissimus" in München
1900	Militärdienst
1904	Verlobung mit Katia Pringsheim
1905	Hochzeit
1908	Venedig. Sommerhaus in Bad Tölz
1910	Selbstmord der Schwester Carla
1911	Venedig. Arbeit am *Tod in Venedig*
1912	Drei Wochen in Davos bei Frau Katia im Sanatorium
1914	Bezug des Hauses Poschingerstraße 1 in München: Dort bis 1933 Entzweiung mit Bruder Heinrich
1919	Ehrendoktor der Universität Bonn
1922	Aussöhnung mit Heinrich Mann
1923	Tod der Mutter
1927	Selbstmord der Schwester Julia
1929	Nobelpreis für Literatur
1930	Reise nach Ägypten, dem Hauptschauplatz des Joseph-Romans
1932	Reden im Goethe-Jahr
1933	Hitlers Machtübernahme. Entschluß zur Emigration nach dem „Protest der Richard-Wagner-Stadt München" gegen den Vortrag „Leiden und Größe Richard Wagners". Niederlassung in Küsnacht bei Zürich
1936	Aberkennung der deutschen Staatsbürgerschaft und der Ehrendoktorwürde der Universität Bonn. Annahme der tschechischen Staatsbürgerschaft
1938	Übersiedlung in die USA. Gastprofessur in Princeton
1939	Europareise
1940	Monatliche Radiosendungen *Deutsche Hörer* bis 1945
1941	Gast des Präsidenten Roosevelt im Weißen Haus. Übersiedlung nach Kalifornien, Pacific Palisades, dem Wohnsitz bis zur Rückkehr nach Europa 1952
1944	Amerikanischer Staatsbürger
1945	Auseinandersetzungen mit der „Inneren Emigration" in Deutschland
1946	Lungenoperation in Chicago
1949	Goethe-Vorträge zum Goethejahr, gehalten in Frankfurt/Main und Weimar. Selbstmord des Sohnes Klaus (geb. 1906)

1950 Tod des Bruders Heinrich
1952 Umzug in die Schweiz
1954 Niederlassung in Kilchberg bei Zürich
1955 Goldene Hochzeit. 80. Geburtstag. Er stirbt am 12.8. in Zürich

Romane und Novellen

1894 *Gefallen*
1901 *Buddenbrooks* (Beginn der Arbeit 1897)
1903 *Tonio Kröger, Tristan*
1909 *Königliche Hoheit*
1912 *Tod in Venedig*
1922 *Bekenntnisse des Hochstaplers Felix Krull* (erweitert 1936 und 1954)
1924 *Der Zauberberg* (Beginn der Arbeit 1913)
1926 *Unordnung und frühes Leid*
1930 *Mario und der Zauberer*
1933 *Die Geschichten Jaakobs.* 1. Teil des Joseph-Romans (Beginn der Arbeit 1925)
1934 *Der junge Joseph.* 2. Teil des Joseph-Romans
1936 *Joseph in Ägypten.* 3. Teil des Joseph-Romans
1939 *Lotte in Weimar* (Beginn der Arbeit 1937)
1940 *Die vertauschten Köpfe.* Legende
1943 *Joseph, der Ernährer.* 4. und letzter Teil des Joseph-Romans
1944 *Das Gesetz.* (Die Moses-Novelle)
1947 *Doktor Faustus* (Beginn der Arbeit 1943)
1951 *Der Erwählte* (Beginn der Arbeit 1947)
1953 *Die Betrogene*
1954 *Bekenntnisse des Hochstaplers Felix Krull. Der Memoiren erster Teil.* (Beginn der Arbeit 1909!)

Drama

1905 *Fiorenza*

Essays und Abhandlungen

1914 *Gedanken im Kriege. Friedrich und die Große Koalition*
1918 *Betrachtungen eines Unpolitischen*
1922 *Von deutscher Republik*
1926 *Lübeck als geistige Lebensform*
1935 *Leiden und Größe der Meister.* Essayband
1945 *Deutschland und die Deutschen.* Rede
1949 *Die Entstehung des ‚Doktor Faustus'*
1955 *Versuch über Schiller*

Raum für Notizen

Raum für Notizen

Raum für Notizen

Raum für Notizen